EGOREPUBLIK
DEUTSCH**LAND**

EDZARD REUTER wurde 1928 in Berlin geboren. Nach der »Macht-
ergreifung« emigrierte die Familie in die Türkei und kehrte 1946
nach Berlin zurück, wo der Vater Ernst Reuter Regierender Bür-
germeister wurde. Der Sohn studierte zunächst Mathematik und
Physik, später Jura in Göttingen und Berlin. Nach einer Tätigkeit
in der Filmindustrie holte ihn Hanns Martin Schleyer 1964 zu
Daimler-Benz, wo er 1976 Vorstandsmitglied wurde und von 1987
bis 1995 Vorstandsvorsitzender war. 1998 wurde er Ehrenbürger
von Berlin. Edzard Reuter lebt heute in Stuttgart und Berlin.

EDZARD REUTER

EGOREPUBLIK DEUTSCHLAND

Wie uns die Totengräber Europas
in den Abgrund reißen

Campus Verlag
Frankfurt / New York

ISBN 978-3-593-39904-1

Copyright © 2013 Campus Verlag GmbH, Frankfurt am Main.
Umschlaggestaltung: Anne Strasser, Hamburg
Autorenfoto: © Michael Hudler, Darmstadt
Satz: Campus Verlag, Frankfurt am Main
Gesetzt aus der Scala OT
Druck und Bindung: Beltz Druckpartner, Hemsbach
Printed in Germany

Dieses Buch ist auch als E-book erhältlich.
www.campus.de

INHALT

I.   Europa in der Legitimitätskrise:
Von der Lust am Selbstmord   7

II.   Der Baumeister Europas und seine
Botschaft für heute   19

III.   Ohne gleiche soziale und wirtschaftliche
Chancen kein Frieden   45

IV.   Auf der Suche nach einer Identität   55

V.   Die Stunde der Pragmatiker:
Ein Glücksfall der Geschichte?   75

VI.   Alle reden von der Globalisierung,
keiner will sie verstehen   89

VII.   Henne oder Ei?
Europa oder der Euro?   97

VIII.   Das Ende der nationalen Alleingänge   121

IX.   Vom Kraftakt zur Kraftquelle:
        Europäische Kultur ist Streitkultur   139

X.   Das neue Europa   155

XI.   Keine Angst vor einer Politik der zwei
        Geschwindigkeiten!   181

XII.   Selbstvertrauen und Solidarität   199

        Dank   208

I.

EUROPA IN DER
LEGITIMITÄTSKRISE

Von der Lust am Selbstmord

Friedensnobelpreis für die Europäische Union hin oder her: Viele haben mitleidig die Stirn gerunzelt, andere davor gewarnt, manche mich ausgelacht, als sie hörten, dass ich dieses Buch schreiben will. Es liegt trotzdem hier vor Ihnen, weil meine Sorge täglich zunimmt – meine Sorge, dass wir drauf und dran sind, unsere Zukunft aufs Spiel zu setzen und einer merkwürdigen Lust am Selbstmord nachzugeben. Die Vision von einem vereinten Europa ist uns verloren gegangen. Gewiss weiß auch ich, dass es eine hoffnungslose Utopie wäre, zu erwarten, dass das Vorhaben von heute auf morgen, sozusagen mit einem großen Schlag, vollendet werden könnte. Es gibt – um ein Lieblingswort unserer Bundeskanzlerin zu verwenden – in der Tat keine Alternative dazu, sich Schritt um Schritt (und entsprechend mühselig) an das große Ziel heranzuarbeiten. Das hat sogar etwas Gutes, weil es auf diese Weise möglich bleibt, Fehler, die unweigerlich vorkommen können, auch wieder zu korrigieren. Doch erfolgreich kann ein solcher Weg nur sein, wenn es eine Idee gibt, die allen Beteiligten als gemeinsames Ziel für ihr tägliches Handeln dient. Diese Idee, dieses Ziel ist nicht mehr zu erkennen. Offensichtlich hat niemand mehr den Mut und die Glaubwürdigkeit, uns überzeugend zu erklären, wohin die Reise zum Schluss führen soll. Ein Plädoyer für Europa: also verlorene Liebesmühe! Liegt das Kind nicht längst im Brunnen? Verbirgt sich nicht dahinter kaum mehr als eine naive Illusion, das Traumgespinst grauer Bürokraten und lebensfremder Politiker? Und noch mehr: Ist es nicht für verantwortungsbewusste Realisten – und das sind wir doch alle! – allerhöchste Zeit, endlich Schluss zu machen mit der sinnlosen Verschwendung unserer Steuergelder und unser Schicksal wieder in die eigenen Hände zu nehmen?

In der Tat: Was ist los mit Europa? Die Zusammenführung seiner Länder und Nationen galt über Jahrzehnte hinweg als stolzes Zukunftsprojekt. Allenfalls ein paar »Ewiggestrige« träumten noch von der Wiederkehr alter Zeiten, als man blind genug sein durfte, das Volk, dem man angehörte, gegenüber den Nachbarn für höherwertig zu halten. Eine ganze Generation junger Menschen hat sich für die Idee eines vereinten Europa begeistert, einer Unzahl von Menschen, denen ein entsetzlicher Krieg jegliche Hoffnung geraubt hatte, hat sie neue Zuversicht gegeben.

Doch jetzt? Wer kann schon den Alptraum vergessen, der seit der zweiten Hälfte des Jahres 2011, ausgelöst durch die griechische Krise, ganz Europa an den Rand einer epochalen finanziellen und wirtschaftlichen Katastrophe führte? Hat sich das nicht, wie vorherzusehen war, bald darauf mit Spanien und Italien fortgesetzt? Können wir nicht jeden Tag in den einschlägigen Leitartikeln nachlesen, dass der Euro, unsere gemeinsame Währung, demnächst vor dem Kollaps steht? Werden wir nicht gedrängt, die Griechen schleunigst aus dem Euro herauszuwerfen, um unser hart erarbeitetes Geld vor der Verschwendung zu retten?

Ist nicht die früher so großartige Vision inzwischen ins Nichts zerstäubt, ersetzt durch ein endloses Gefeilsche um nationale Interessen? Können einigermaßen normale Zeitgenossen – womöglich sogar die meisten der beteiligten Politiker selbst – noch die Mechanismen durchschauen, nach denen das Gebilde funktioniert? Sind die wohlhabenden Länder, an der Spitze wir Deutschen (denen man so leichtfertig ihre bewährte D-Mark weggenommen hat!), nicht inzwischen – trotz aller gegenteiligen Versicherungen (Zitat der Bundeskanzlerin: »Nicht, solange ich lebe!«) – mit den eigenen Steuergeldern zum Zahlmeister für chronische Pleitiers geworden?

Eines zumindest ist unübersehbar: Europa wird einer großen Zahl – wenn nicht gar der Mehrheit – seiner Bürgerinnen und Bürger zunehmend egal. Mehr noch, es fällt ihnen lästig. Zutiefst misstrauen sie den ewig wiederholten Beteuerungen der Herrschaften Merkel, Hollande, Barroso, Monti & Co., deren regelmäßige Küsschen-Begrüßungsarien haben sie gründlich satt! Und wer nicht im Wolkenkuckucksheim lebt, sondern wenigstens einigermaßen aufmerksam das Hü und Hott verfolgt, mit dem Angela Merkel im Wochenrhythmus ihre Grundsätze über die (vermeintlichen!) Grenzen deutscher Leistungs- und Leidensbereitschaft umzustürzen pflegt, muss ehrlich zugeben, dass da etwas dran ist.

Vielen von uns geht es immer noch sehr gut. Sie haben ein Haus und eine Familie. Auf ihr Bankkonto und ihr Vermögen ist Verlass. Sollte nicht eine neuerliche Finanz- und Wirtschaftskrise dazwischenkommen, die (womöglich gar als galoppierende Inflation) alle Werte vernichtet, wächst beides ebenso stetig wie erfreulich weiter an. Manche sind sogar so wohlhabend, dass sie ihre Kinder und Enkel in privaten Schulen und an renommierten Universitäten – wenn auch manchmal eher schlecht als recht – auf ihr späteres Leben vorbereiten lassen können. Der fortschreitende Abbau der Handicaps mit Hilfe teurer Golflehrer macht sie stolz. Für nicht wenige von uns sind Urlaubsreisen in ferne Gebiete der Erde fest eingeplant. An den Wochenenden trifft man sich mit Freunden zum Wandern oder beim Essen in einem guten Lokal. Alles zusammen, könnte man vorbehaltlos zufrieden sein – wäre da nicht der unverschämte Raubbau des Staates, der wie ein Moloch mit seinen ständig steigenden Steuern und Abgaben, getragen von einer ungebremst weiter ausufernden Bürokratie, allem Möglichen dient, nur nicht dem, wozu er eigentlich da ist.

Doch Gott sei Dank gibt es einen Ausweg, der einem bleibt: an sich selbst denken – und sonst nichts. Wir sind zu einer Republik der Egoisten geworden, zur Egorepublik Deutschland.

Dies eint die Wohlhabenden mit der großen Mehrheit, der es weniger gut geht. Seit Jahren wird uns durch die Kaste der Politikerinnen und Politiker – die wir dafür gewählt haben, dem gemeinen Wohl und nicht sich selbst zu dienen – immer mehr von unserem mühsam verdienten Geld aus der Tasche gezogen. Sie sichern sich damit ihre gut bezahlten Pfründe, mehr als das, sie machen uns das Leben schwer, indem sie ununterbrochen neue Regulierungen in die Welt setzen und damit unsere Freiheit weiter einengen. Anstatt für sichere Arbeitsplätze zu sorgen, verschwenden sie Geld für Prestige-objekte, erfinden überflüssige neue Gesetze, deren Sinn und Zweck niemand versteht, gönnen sich selbst ein schönes Leben. Die junge Generation muss sich trotz der Mühen, die sie sich gibt, um in der Lehre oder an einer Hochschule gut ausgebildet zu werden, anstatt einer festen Anstellung allenfalls noch mit einem Zeitvertrag zufriedengeben. Offen bleibt dabei, ob man in einem Jahr arbeitslos sein wird oder zumindest an einen Ort umziehen muss, der einem rundum fremd ist. Anstelle des »Mehr Netto vom Brutto«, das man uns so vollmundig noch vor kurzem als Wahlmotto verkauft hat, bleibt unter dem Strich immer weniger in der Kasse. Diejenigen, die schon viele Jahre harter Anstrengungen in ihrem Berufsleben hinter sich haben, können sich gleichfalls nicht mehr sicher sein, wie ihre Zukunft aussieht. Werden sie ihren bescheidenen Wohlstand bis ins Alter bewahren können, oder laufen sie – wie so viele es bereits erlebt haben – Gefahr, eines Tages ihr Leben als Hartz-IV-Empfänger fristen zu müssen? Von der angeblichen Sicherheit unserer Renten ganz zu schweigen!

Nicht anders als die vermeintlichen Eliten, die sich darum sorgen, wie sie mithilfe schweizerischer Banken möglichst wenig Steuern zahlen müssen, scheinen also auch alle Übrigen gut beraten, zuerst einmal an sich selbst zu denken. Gedanken darüber, wie die Chancen der anderen, derjenigen, die bisher keinen Erfolg in ihrem Leben hatten, verbessert werden könnten, haben da bis auf weiteres keinen Platz. Handelt es sich bei den hie und da zu hörenden Appellen an den Gemeinsinn nicht ohnehin eher um Vorstellungen von Ewiggestrigen? Selbst wenn das früher anders gewesen sein sollte: Rapide wächst nun einmal die Zahl der Menschen, die eigentlich darauf rechnen durften, am Ende ihrer Lebensarbeit einen verlässlichen Ruhestand zu erleben, aber plötzlich nicht mehr wissen, wie es mit ihnen weitergehen soll. Was bleibt da noch übrig, als rechtzeitig die eigenen Ellenbogen auszufahren, anstatt irgendwelchen schönen Träumen von einer friedlichen, gerechten und nachhaltig gestalteten Zukunft nachzuhängen? Sind diejenigen jungen Menschen, die darauf hoffen, eines Tages ihre Ideale in die Tat umsetzen und die Welt verbessern zu können, nicht tatsächlich gut beraten, solche Hirngespinste so schnell wie möglich zu vergessen?

Der Fall scheint klar zu sein. Durchaus ehrenwert mag es ja gewesen sein, dass sich die Generation derjenigen, die das ganze Grauen des letzten Weltkriegs, das gegenseitige Zerfleischen der europäischen Völker am eigenen Leib erleben mussten, mit allen Kräften darum bemüht hat, eine wie auch immer geartete Wiederholung unmöglich zu machen. Gewiss war der Traum vom vereinten Europa, den Konrad Adenauer, Willy Brandt, Helmut Schmidt und Helmut Kohl zusammen mit ihren Partnern dies- und jenseits der deutschen Grenzen geträumt haben, verständlich. Die Zeiten haben sich aber nun einmal grundlegend verändert. Das kommunistische System ist zusammengebrochen. Trotz der weiter andauernden kulturellen und sozialen Konflikte wächst die Welt unter dem unentrinnbaren Einfluss des Internets immer mehr zusammen. Wer nicht imstande ist, schnell und flexibel auf die täglich neu entstehenden wirtschaftlichen und politischen Herausforderungen der Zeit zu reagieren, ist verloren. Da können auch wir Deutschen es uns wahrlich nicht mehr leisten, immer wieder auf die langsamsten Mitglieder in der Gruppe und auf deren unbewegliche Institutionen Rücksicht zu nehmen! Höchste Zeit also, zuallererst an uns selbst zu denken.

Hat nicht Hans Magnus Enzensberger, nun bestimmt eines rechts gerichteten Nationalismus unverdächtig, in diesem Sinne durchaus Recht damit, das »sanfte Monster Brüssel« für »die Entmündigung Europas« verantwortlich zu machen? Oder der Ökonomieprofessor Max Otte mit seiner Aufforderung, ohne weitere Verzögerung »den Euro zu stoppen«? Wäre also ein Ende mit Schrecken nicht allemal besser als ein Schrecken ohne Ende, der uns Deutsche doch bloß in den Abgrund ziehen würde?

Die Bundeskanzlerin pflegt zwar zu beteuern, dass das weitere politische und wirtschaftliche Zusammenwachsen Europas zur »deutschen Staatsräson« gehöre. Wie aber sieht für die einfache Frau und den einfachen Mann auf der Straße die nüchterne Wirklichkeit aus? Geht es nicht in Wirklichkeit um ein für niemanden mehr überschaubares Gewirr von 27 historisch, sprachlich, wirtschaftlich gänzlich verschiedenen, weder nach der Größe ihrer Bevölkerung noch nach deren Wohlstand wenigstens einigermaßen vergleichbaren Ländern? Beweist nicht der Erfolg billigster nationalistischer Parolen selbst in Ländern wie Finnland oder den Niederlanden, die traditionell der europäischen Einigung so zugeneigt waren, dass eine große Zahl ihrer Bürger an nichts anderes als an ihre eigenen Interessen denken?

Zumindest aus deren Sicht machen da schon wenige Stichworte deutlich, warum sich all die schönen Vorstellungen von einer echten Gemeinsamkeit der europäischen Nationen bisher als schiere Wunschträume, als leere Illusionen erwiesen haben.

Man hat uns gleich nach dem Zusammenbruch des sowjetischen Systems weismachen wollen, dass es politisch zwingend sei, die endlich wieder frei gewordenen osteuropäischen Staaten – Polen, Ungarn, Tschechien, die Slowakei, Litauen, Estland, Lettland und Slowenien – nun ohne Verzug als Vollmitglieder in die Europäische Union aufzunehmen – ohne ernsthaft zu versuchen, zuerst einmal zu klären, ob sie auch die erforderlichen Voraussetzungen erfüllen Als Gegenleistung haben wir uns nur den ebenso zähen wie erbitterten Widerstand des unverändert amtierenden tschechischen Präsidenten-Hardliners Vaclav Klaus gegen jegliche Schritte zur Verbesserung der gesamteuropäischen Handlungsfähigkeit eingehandelt.

Oder auch die wütenden Blockaden eines zutiefst deutschfeindlichen Zwillingspaars an der Spitze von Staat und Regierung Polens – vom Rückfall der gewählten Mehrheit des ungarischen Parlaments in offensichtlich vordemokratische Verfassungsvorstellungen ganz zu schweigen.

Offenbar sind unsere Politikerinnen und Politiker aus solchen oder ähnlichen Erfahrungen nicht klug geworden. Im Eilschritt und entgegen allen Warnungen haben sie gleich danach die Türen Europas auch noch für Rumänien und Bulgarien geöffnet, wo doch schon der oberflächlichste Beobachter wissen konnte, dass diese Länder aufgrund ihrer kommunistischen Vergangenheit weder in wirtschaftlicher und politischer noch gar in gesellschaftlicher Hinsicht reif für eine Mitgliedschaft waren.

Und zu alledem auch noch das Euro-Abenteuer! Wo doch jeder weiß, dass die Griechen, nicht anders als die Portugiesen und – wollen wir ehrlich sein – natürlich letzten Endes auch die Spanier und Italiener nun einmal eine grundsätzlich andere Einstellung zu Arbeit und Disziplin haben. Wie konnte man nur auf die Idee kommen, diesen Südeuropäern die Stabilität unserer bewährten D-Mark zu opfern? Hätte man nicht vielmehr auf die Warnungen bewährter Experten hören müssen, dass das Abenteuer einer gemeinsamen Währung in eine Katastrophe führen werde, solange sich die beteiligtem Staaten nicht verbindlich auf die strikte Einhaltung einer sparsamen Wirtschafts- und Finanzpolitik festgelegt hätten? War es wirklich sinnvoll, den bis dahin bettelarmen Iren durch unsere Geschenke zu völlig unverdientem Wohlstand zu verhelfen?

Klingt es da nicht überzeugend, wenn hochrangige, durch eigene unternehmerische Erfahrungen ausgezeichnete Persönlichkeiten sich nicht den Mund verbieten lassen und uns vorhersagen, wir würden unweigerlich demnächst fatalen Schiffbruch mit dem Euro erleiden, sollten wir solche Länder nicht schleunigst wieder aus dem Währungsverbund hinausschmeißen?

*

Die Aufzählung ließe sich unschwer über viele Seiten fortsetzen. An der bitteren Schlussfolgerung würde das nichts ändern. Sie lautet, dass sich das Projekt eines in der Europäischen Union vereinten Europa mitten in einer grundlegenden Legitimitätskrise befindet. Abgesehen von der Selbstverständlichkeit, jederzeit nach Belieben an jeden beliebigen Strand in Urlaub fahren zu können, schert sich die weit überwiegende Mehrheit unserer Bürgerinnen und Bürger keinen Deut mehr um die Vorstellung von einem Europa, das seine globalen Interessen im Wettstreit mit unseren weltweiten Wettbewerbern gemeinsam und solidarisch verteidigen und durchsetzen muss – die sogenannte »Eurokrise« beherrscht das Geschehen, in der Politik wie den Medien, die Ängste der Menschen um ihr Erspartes rauben ihnen den Schlaf.

Um einen der überzeugendsten Anwälte einer Politik, die entschlossen ist, trotz aller Widerstände zäh und beharrlich an der Herkulesaufgabe eines weiter zusammenwachsenden Europa festzuhalten, den luxemburgischen Ministerpräsidenten Jean-Claude Juncker, zu zitieren: »Es verlangt ... inzwischen mehr Mut, sich zu Europa zu bekennen, als europaskeptische Töne von sich zu geben.«

Eine zunehmende Zahl derjenigen, die lautstark danach rufen, endlich wieder an uns selbst zu denken, reagiert darauf mit gefährlich steigender Aggressivität. Sie schlägt sich nieder in den Wahlerfolgen alter rechtsreaktionärer oder neu entstandener politischer Parteien, die jegliche Übertragung nationalstaatlicher Souveränität an die Europäische Union als Teufelszeug denunzieren. Genauso erschreckend deutlich wird sie an den astrein populistischen, auf den Beifall der Stammtische zielenden Versuchen, die eigenen Grenzen zu den Nachbarstaaten, die vor noch nicht allzu langer Zeit unter großem Jubel gefallen waren, wieder zu schließen.

Billigste Sprüche weisen in eine ähnliche Richtung. Nicht selten versteckt sich dahinter nackte Eigensucht. Wenn etwa ein englischer Abgeordneter im europäischen Parlament meint, uns Deutschen weismachen zu sollen, dass der Erfolg einer deutschen Pkw-Marke auf dem chinesischen Markt weder größer noch geringer ausfallen würde, ob Deutschland nun einer sogenannten Europäischen Union angehört oder nicht, dann lugt hinter solcher Einfalt nichts anderes hervor als die traditionelle Phobie vieler Engländerinnen und Engländer gegenüber allem, was sich auf »dem Kontinent« abspielt. Und auch die legendäre Sottise des früheren amerikanischen Verteidigungsministers Donald Rumsfeld, die sich hinter der abschätzig-arroganten Bezeichnung vom »alten Europa« verbarg, mag zwar in erster Linie die geistige Beschränktheit dieses famosen Würdenträgers belegen, dahinter hat sich aber vermutlich durchaus auch das Bestreben verborgen, die eigene Vormachtstellung in der Welt nicht durch das Heranwachsen eines potenziellen Rivalen namens Europa gefährden zu lassen.

In der Tat erfordert es vor einem solchen Hintergrund schon einigen Mut, sich gegen den Strom zu stellen und unmissverständlich eine entschlossene Weiterführung des europäischen Projekts anzumahnen. Dabei nimmt sich dieses Buch nicht heraus, der laufenden Diskussion eine zusätzliche pseudokluge Rechthaberei – oder das nächste Rezept für die »Rettung« des Euro – hinzufügen zu wollen. Jenseits aller feinsinnigen Gedankenspiele geht es darum, die sich täglich verschlechternde Stimmung sehr, sehr ernst zu nehmen.

Denn ohne ein vereintes Europa werden wir weder politisch noch wirtschaftlich im globalen Wettbewerb nicht nur mit den

USA, sondern auch mit den immer schneller und entschlossener nach vorn drängenden Mächten des ostasiatischen Raums – an der Spitze China – oder auch mit Ländern wie Indien und Brasilien (und eines nicht allzu fernen Tages auch Afrika) bestehen können. Und wenn dies nicht gelingt, wird es irgendwann aus sein mit unseren Idealen des sozialen Ausgleichs, der Chancengerechtigkeit, der Verantwortung für das gemeine Wohl – und zum Schluss auch der Menschenrechte.

Gewiss mag da manches Mal die Einnahme einer Medizin verlockend erscheinen, die sich im täglichen Leben, und besonders in schwierigen politischen Situationen, verlässlich bewährt hat. Sie heißt »Aussitzen!« – und besagt im Klartext, einfach die Zeit verstreichen zu lassen und geduldig abzuwarten, bis der Wind wieder aus einer günstigeren Richtung weht. Für althergebrachte Segelschiffe war das nahezu zwangsläufig ein guter Rat. Die riesigen Schiffe, die heutzutage auf den Weltmeeren unterwegs sind, verlassen sich jedoch schon längst nicht mehr auf einen solchen Antrieb. Allesamt verfügen sie über leistungsstarke Motoren, die sie auch dann noch manövrierfähig halten, wenn sie in einen Orkan geraten – dem kein noch so starkes Segelschiff und keine noch so sturmerprobte Mannschaft standhalten könnte.

Wie den Segelschiffen wird es auch uns, den Europäern, ergehen, sollten wir uns treuherzig auf günstigere Winde verlassen und in der Zwischenzeit darauf vertrauen, dass wir geübte Segler sind. Schneller als gedacht könnten wir damit unwiederbringlich unsere Zukunft verspielen.

Wollen wir uns das wirklich antun? Wäre es nicht doch ratsamer, den Weg fortzusetzen, der allein dazu geeignet ist, uns in einer Welt zu behaupten, in der inzwischen ganz neue, bisher völlig ungewohnte Spielregeln gelten, Spielregeln, vor deren Härte viele von uns lieber ihren Kopf in den Sand stecken? Und könnten uns die damit verbundenen Mühen nicht sehr viel leichter fallen, wenn wir uns endlich wieder auf eine Vision besinnen, die daran erinnert, dass wir der Zukunft voller Selbstvertrauen entgegensehen dürfen, wenn es uns gelingt, sie in die Tat umzusetzen?

Europa: Der Begriff ist nicht gleichbedeutend mit der Beschneidung unserer individuellen Freiheiten, mit unsinnigen bürokratischen Lasten, mit den immer unverschämter werdenden Erpressungsversuchen durch griechische Taxifahrer oder deutsche Energieerzeuger – er steht für eine begeisternde Herausforderung. Wir können, wir werden sie bestehen, wenn wir es nur wollen. Nur eines setzt das zwingend voraus: Wir müssen sie gemeinsam angehen, mit der Bereitschaft, althergebrachte Überzeugungen auf den Prüfstand zu stellen, mit dem Mut und dem Selbstvertrauen, die sich aus dem Wissen ergeben, dass sich der Weg in eine gute Zukunft nur durch harte Opfer sichern lässt – und zugleich mit Begeisterung und Stolz auf das, was die Geschichte uns als ihr Erbe geschenkt hat!

Und zum Abschluss dieser Vorbemerkung noch ein Hinweis: Als überzeugter Mitbürger unserer freiheitlich organisierten Gesellschaft habe ich selbstverständlich gebührend Respekt vor der angesprochenen Vielfalt von Meinungen und Ansichten von Wissenschaftlern, Journalisten oder Literaten beiderlei Geschlechts (oder auch von den gewohnheitsmäßigen Teilnehmern an Talkshows) zum Thema dieses Buches. Das ändert freilich nichts daran, dass es sich im Kern nicht allein um eine Frage der Ökonomie, der Geschichte, der Kultur – oder der Medienwirksamkeit – handelt, sondern um ein zutiefst in der Politik angesiedeltes Thema. Die ganze Last der Verantwortung liegt damit zunächst einmal bei denjenigen, denen wir in demokratischer Wahl die Aufgabe anvertrauen, in unserem Namen politische Entscheidungen zu treffen.

Es ist und bleibt allemal einfach, sie dafür zu kritisieren – oder gar zu verdammen. Vergessen sollten wir jedoch nicht, dass es an uns selbst, an jeder und jedem von uns, ist und bleibt, wem wir diese Verantwortung durch unsere Stimmabgabe übertragen. Wie hat doch Winston Churchill gesagt: »Demokratie ist die Notwendigkeit, sich gelegentlich den Ansichten anderer Leute zu beugen« – und genau in diesem Sinne spricht dann auch alles dafür, schließlich und endlich Mut aufzubringen und uns alle im Rahmen einer Volksabstimmung zu fragen, ob wir bereit sind, einen solchen Weg mitzugehen.

II.

DER BAUMEISTER EUROPAS UND
SEINE BOTSCHAFT FÜR HEUTE

Uns auf eine Vision besinnen? Soll das ein Appell sein, der sich in Wirklichkeit nur an die Älteren – oder gar Alten – unter uns richtet, gar diejenigen, die letzten Endes Schuld daran sind, dass das ganze Vorhaben bisher ebenso endlos wie kläglich herumschlingert? Kann den Jüngeren, denen, die sich hier und heute ihrer Haut erwehren müssen, um zu überleben, ein solches Ansinnen nicht tatsächlich egal sein?

Nein! Es geht um die Zukunft ihrer Kinder und Kindeskinder. Nüchtern betrachtet handelt es sich für diejenigen, die jetzt in der Verantwortung stehen, nicht nur um eine harte Herausforderung, sondern um eine wahre Herkulesaufgabe. Soll es gelingen, sie zu bewältigen, müssen wir bedenken, was hinter uns liegt. Gemessen an dem durchschnittlichen Lebensalter, auf das junge Menschen heutzutage laut Statistik rechnen dürfen, ist es nämlich noch nicht allzu lange her, dass die Vision eines geeinten Europa für Unzählige von uns gleichbedeutend war mit der Hoffnung auf eine großartige Zukunft.

Natürlich muss das in keiner Weise heißen, dass alles das, was früher einmal richtig gewesen sein mag, auch heute noch zutrifft. »Tempora mutantur et nos mutamur in illis«, »Die Zeiten ändern sich und wir mit ihnen«: Diese Weisheit der alten Römer wurde einem früher in der Schule eingebläut. Sie gilt auch weiter. Trotzdem lehrt die Erfahrung immer wieder neu, dass man gut beraten ist, zunächst einen sorgfältigen Blick auf die Vergangenheit zu werfen, bevor man sich entschließt, das

Ruder kühn herumzuwerfen und dabei das Tun seiner Vorgänger kurzerhand auf den Scheiterhaufen zu verdammen.

Etwas anderes kommt hinzu: Unsere Zeit ist heutzutage so schnelllebig geworden, wie man sich das noch bis vor kurzem nicht einmal im Traum vorstellen konnte. Das gilt für nahezu alle Merkmale des täglichen Lebens. Wir hetzen von einem Termin zum nächsten, hängen ohne Unterbrechung am Telefon oder Bildschirm, verkürzen unsere Urlaubsreisen auf wenige Tage, entscheiden uns von heute auf morgen für neue Partnerschaften, gewöhnen uns immer mehr an wechselnde Arbeitsplätze und Arbeitgeber. Facebook oder Twitter (und die explodierende Vielfalt ihrer Ableger) bestimmen den Tagesrhythmus. Die für unsere Politik verantwortlichen Persönlichkeiten überfallen uns von einem Tag zum anderen damit, ihre zuvor unumstößlichen Überzeugungen ins Gegenteil zu verkehren. Den Erfolg von Wirtschaftsunternehmen messen wir nicht mehr daran, ob ihre Strategien auf die langfristige Sicherung ihres Bestehens und ihrer Arbeitsplätze zielen, sondern daran, ob ihr Börsenwert – der sogenannte »shareholder value« – in den letzten drei Monaten zugenommen hat oder nicht. Mit dem Brustton der Überzeugung redet jedermann von »Nachhaltigkeit« – doch die übergroße Mehrheit hat sich längst daran gewöhnt, mit kurzem Atem irgendwelchen (eingebildeten oder wirklichen) Zwängen hinterherzuhecheln.

Vorsicht ist also angebracht. Das Projekt, um das es geht, verträgt keine kurzfristigen Zukunftshoffnungen. Damit gleicht es zum Verwechseln der anderen epochalen Herausforderung, vor der wir stehen: eben die Nachhaltigkeit des Lebens auf unserer Erde zu sichern. Hans Jonas hat schon vor vielen Jahren von dem »Prinzip Verantwortung« gesprochen, dessen Wahrung gefragt ist, wenn dies gelingen soll. Mit billigen Patentlösungen, mögen sie noch so populär sein, wird es auch weiterhin nicht getan sein. Es geht um das beharrliche Bohren sehr, sehr dicker Bretter. Die bisherigen Erfahrungen, die wir in den letzten Jahrzehnten, besonders aber seit dem Beginn dieses Jahrhunderts, machen mussten, zeigen, dass es sich mit dem großen Projekt der europäischen Einigung nicht anders verhält. Umso weniger verdienen diejenigen unseren Widerwillen oder gar unsere Verachtung, die zäh und unbeirrt daran arbeiten – sondern viel eher diejenigen, die ebenso leichtfertig wie voreilig dazu raten, die Flinte ins Korn zu werfen. Das betrifft übrigens keineswegs nur die Schreihälse in den Talkshows oder in *Bild*, sondern genauso manche Professoren, die kaum mehr an sich halten können, wenn ihr Name nicht jeden Tag neu durch die Medien gejagt wird.

Der letzte einer nicht enden wollenden Kette von Kriegen war vorüber. Es war der schrecklichste von allen. Zusammen mit dem Holocaust an den Juden, dem Mord an den Zigeunern und dem Hinschlachten ungezählter weiterer unschuldiger Menschen hatte er in den europäischen Ländern Millionen dahingerafft. Bei uns in Deutschland mussten sich die Überlebenden von kärglichen Tagesrationen ernähren, die ihnen je nach ihrer Arbeit – wenn sie überhaupt eine solche hatten – zugeteilt wurden. In den zerstörten Städten paarte sich bitterer Hunger mit der mörderischen Kälte eines erbarmungslosen Winters. Tod durch Verhungern oder Erfrieren war an der Tagesordnung. Zählte man zu den Glücklichen, denen eine einigermaßen unzerstörte Wohnung geblieben war, musste man sie mit zwangsweise zugewiesenen anderen Familien teilen. Die meisten von ihnen kamen als Flüchtlinge aus dem Osten, wo sie alles Hab und Gut verloren hatten. Und – bedingt durch die große Zahl der bei den deutschen Eroberungszügen gefallenen Männer war der Überschuss an ledigen oder verwitweten Frauen enorm. Es war das große Los, wenn sie einen Soldaten der Besatzungsarmeen kennenlernen und mit ihm eine Familie gründen durften.

Kaum jemand, der dies nicht am eigenen Leib und mit eigenen Augen miterlebt hat, kann sich vorstellen, was es bedeutete, wenigstens einen Hoffnungsschimmer auf eine irgendwann ein klein wenig bessere Zukunft haben zu dürfen: Hoffnung auf Frieden, auf Ausbildung, auf Arbeit – und auf einen bescheidenen Wohlstand. Für die Generation junger Menschen, die das Grauen des Krieges überlebt hatte, kam freilich etwas hinzu, das für ihre Eltern allenfalls ein Traum geblieben war: das Geschenk der Freiheit – der Freiheit, das eigene Dasein ohne Gängelung durch irgendeine mächtige Obrigkeit leben zu können, und der dazu gehörenden Freiheit, Menschen aus anderen Ländern treffen und mit ihnen von Gleich zu Gleich zusammenleben zu können.

Vor allen anderen gab es ein Land, das solche Hoffnungen wie kein anderes verkörperte: das Land der vermeintlich »unbegrenzten Möglichkeiten«, die USA. Die jungen Menschen in den europäischen Nachbarländern dachten nicht anders. Mag sein, dass dies fast an ein Wunder grenzte: Auch die Jugend jenseits des Rheins, deren Heimat (im Anschluss an den »Blitzkrieg« in Polen) als Erstes von den deutschen Truppen überfallen worden war, hoffte begeistert darauf, dass verblendete Politiker und Militärs nie wieder eine Chance bekommen würden, den Kontinent in einen barbarischen Krieg zu stürzen. Wo sich in späteren Jahren die Gefühle vieler junger Menschen in Demonstrationen gegen die Unterdrückung von Freiheit und Demokratie in ihren eigenen Ländern niederschlagen sollten, wo sie inzwischen gegen (vermeintliche oder wirkliche) Gefährdungen einer nachhaltig vertretbaren Entwicklung auf die Straße gehen: Damals wehte ein wahrhafter Sturm der Begeisterung für eine gemeinsame europäische Zukunft in Frieden und Freiheit – symbolisiert dadurch, dass die Schlagbäume an den Staatsgrenzen eingerissen wurden und man sich gegenseitig als Schwestern und Brüder in die Arme fiel.

Nie wieder Krieg! Keine trennenden Grenzen, keine nationalen Überheblichkeiten mehr! Gleiche Chancen für alle, Frauen und Männer, Deutsche und Franzosen, Engländer und Italiener, Holländer und Dänen! Die Welt kennenlernen, Reisen, wohin man will! Freiheit und Demokratie überall!

So oder ähnlich lauteten die Parolen. Trotz sowjetischer

Unterdrückung galt das insgeheim nicht anders auch in den östlichen Ländern Europas. Heute sind sie – wie gesagt – zur selbstverständlichen Realität geworden, die nicht einmal in bösen Träumen infrage gestellt werden muss. Doch Gott sei Dank lebten damals einige Zeitgenossen, die aus eigener Erfahrung wussten, dass solche Traumvorstellungen blitzschnell ins Nichts zerstäuben können, wenn die Fundamente nicht fest genug sind, um sturmfeste Häuser zu tragen. Weit mehr noch als denjenigen, die über Jahrzehnte hinweg weiter daran gearbeitet haben, kommt ihnen das Verdienst zu, dass der Europäischen Union im vorigen Jahr zu Recht der Friedensnobelpreis zugedacht worden ist. Der erste – und entscheidende – Architekt, den sein Leben gelehrt hatte, entsprechend zu handeln, war freilich jemand, den die heutzutage weit verbreiteten journalistischen Leichtgewichte zweifellos mit einer Vokabel belegen würden, die ihnen gängig zur Hand ist: »eine schillernde Persönlichkeit«. Sein Name: Jean Monnet.

Wenn heutzutage an den Stammtischen die Rede auf die Politik und ihre führenden Vertreter oder Vertreterinnen kommt, ist man sich schnell einig, dass Politik ein »schmutziges Geschäft« ist. Das hat uns schon vor vier Jahrhunderten der italienische Philosoph Niccolò Machiavelli eingeschärft. Täglich können wir in den Medien, ob gedruckt oder digital verbreitet, erleben, dass Glaubwürdigkeit für diejenigen, die wir gewählt haben, um verantwortlich über unsere politische Zukunft zu entscheiden, kein Maßstab mehr ist, den sie ernst nehmen. Anstatt offen zu sagen, worum es geht, wird herumgetrickst und geheuchelt, notfalls werden wir auch schamlos belogen. Umso begeisterter beteuern wir bei jeder Gelegenheit unser Bedürfnis nach ehrlicher Führung durch Persönlichkeiten, denen wir abnehmen können, dass sie für Werte und Überzeugungen stehen, die ihnen wichtiger sind als ihr Erfolg bei den nächsten allgemeinen Wahlen. Kurz: dass man uns »die Wahrheit sagt«.

*

Zumindest auf den ersten Blick war Jean Monnet keiner, der ohne weiteres einem solchen Idealbild entsprach. Bei oberflächlicher Betrachtung zeitgenössischer Fotografien müsste man vielmehr schnell den Eindruck bekommen, dass es sich um einen typischen Kleinbürger aus der französischen Provinz handelte: nicht allzu groß gewachsen, lichtes Haar, akkurat getrimmter Schnurrbart, alles in allem ein womöglich pfiffiger, vielleicht sogar mit allen Wassern gewaschener, doch letzten Endes biederer Genussmensch mit Vorliebe für Speise und Trank. Tatsächlich stammte er aus einer Familie, die seit mehreren Generationen in dem als »Cognac« bekannten Anbaugebiet zu Hause war und dort mit Spirituosen aller Art handelte. Ausnahmslos alle, die in seinem Leben mit ihm zu tun bekamen, haben allerdings schnell feststellen müssen, wie sehr der äußere Eindruck – einschließlich des Zeit seines Lebens durch einen unüberhörbaren französischen Akzent gefärbten Englisch – täuschte. Nicht nur war der Mann blendend intelligent, sondern über alle Stationen seines wahrhaft abwechslungsreichen Lebens hinweg zeichneten ihn Einfallsreichtum, Zähigkeit und ein ungewöhnliches Einfühlungsvermögen in das Denken und Fühlen anderer Menschen aus. Weit wichtiger aber: Er entwickelte grundlegende politische Überzeugungen, von denen ihn keine noch so großen Hindernisse abbringen konnten.

Wenn man will, könnte man insofern gewisse, womöglich sogar erstaunliche Ähnlichkeiten zwischen so unterschiedlichen Persönlichkeiten wie Jean Monnet und Walther Rathenau, dem legendären deutschen Außenminister der Weimarer Republik, entdecken. Natürlich gilt das nur mit Einschränkungen. Im Unterschied zu dem Franzosen war Rathenau vielen seiner verirrten Landsleute tödlich verhasst und wurde zum Opfer eines rechtsradikalen Mordanschlages (»Knallt ab den Walther Rathenau, die gottverdammte Judensau«). Monnet war von Herkommen und Ausbildung kleinbürgerlich geprägt, der Deutsche Erbe des maßgeblich durch seinen Vater aufgebauten Großunternehmens AEG. Der Ehrgeiz von Rathenau war für jedermann erkennbar darauf gerichtet, auf der Bühne der Politik eine gewichtige Rolle zu spielen, Monnet hielt sich über eine lange Wegstrecke hinweg eher im Hintergrund. Und schließlich gehörten sie Generationen an, die sich zwar während der Zeit des Ersten Weltkriegs und den unmittelbar darauf folgenden Jahren in gewisser Weise überschnitten, sich aber zweifellos durch die Intensität der jeweiligen unmittelbaren Erfahrungen deutlich voneinander unterschieden.

Trotzdem gibt es aber eben einige mehr als auffällige Parallelen zwischen Rathenau und Monnet: Vor dem Hintergrund ihrer jeweiligen unternehmerischen Erfahrungen spielten sie, der Deutsche im Ersten, der Franzose im Zweiten Weltkrieg, eine wichtige Rolle bei der Organisation des militärischen Beschaffungswesens ihrer Länder – und zum anderen bewirkten Verlauf und Ende dieser Kriege, dass beide zu zutiefst überzeugten Europäern geformt wurden, zu Persönlichkeiten, die fortan mit aller Kraft für das wirtschaftliche und politische Zusammenwachsen Europas kämpfen sollten.

Würde man sie danach fragen, würden heute freilich nicht nur Angela Merkel, sondern nahezu alle europäischen Spitzenpolitiker – womöglich mit Ausnahmen wie etwa dem britischen Premierminister David Cameron – versichern, dass sich ihre Absichten und Bestrebungen um keinen Millimeter von den Schlussfolgerungen unterscheiden, die Jean Monnet aus seinen politischen und wirtschaftlichen Erfahrungen während der ersten Hälfte des 20. Jahrhunderts gezogen hatte. Allenfalls würden sie vielleicht hinzufügen, dass sich die äußeren Umstände seitdem geändert hätten und sie deswegen leider gezwungen seien, Umwege in Kauf zu nehmen und Kompromisse einzugehen. Man kann das freilich auch nüchterner formulieren: Europäische Politik scheint inzwischen zum ebenso zähen wie rein pragmatischen Geschachere um vermeintliche oder wirkliche nationale Interessen verkommen zu sein, mit der Folge, dass die Bürgerinnen und Bürger beim besten Willen hinter den Wolken von Komplikationen keine tragende Idee mehr zu erkennen vermögen.

Traurig, aber wahr: Die Frage liegt – wie gesagt – nahe, ob diejenigen, die heute in der Verantwortung stehen, glaubhaft zu führen, nicht in Wirklichkeit zunächst einmal daran denken, wie sich ihr Handeln wohl auf die künftigen Wahlchancen ihrer jeweiligen Parteien – oder ihre eigenen – auswirken könnte. Genau hier aber findet sich die Begründung, warum Persönlichkeiten wie Jean Monnet eine bleibende geschichtliche Leistung vollbracht haben – eine Feststellung, bei der durchaus Zweifel angebracht sind, ob sie eines Tages auch auf eine Mehrzahl der im Augenblick handelnden Personen zutreffen wird.

Ganz und gar unberührt von unseren natürlichen Begabungen wird das Auf und Ab unseres Lebens, ob wir es wollen oder nicht, immer wieder durch Zufälligkeiten geprägt. Bei Jean Monnet waren es anfänglich vor allem die besonders ausgeprägte Vorliebe wohlhabender Engländer für französische Cognacs (die sie als »Brandy« bezeichnen). Sie führte dazu, dass ihn seine Tätigkeit als Spirituosenhändler schon frühzeitig in London, in der englischen Sprache und in den Lebensgewohnheiten der »upper class« heimisch werden ließ. Ohne diesen Eckpunkt, den er dem Zufall seines Herkommens zu verdanken hatte, wäre vermutlich sein ganzes weiteres Leben anders verlaufen, wäre aus dem kleinbürgerlichen französischen Provinzkaufmann nicht der Architekt eines der größten politischen Projekte der Geschichte geworden – eben des Projektes eines geeinten Europa.

So aber öffneten ihm der Zugang und die Verbindungen zu einer schnell wachsenden Zahl von politisch maßgeblichen Persönlichkeiten schon im Verlauf des Ersten Weltkriegs die Chance zu einer ungewöhnlichen Karriere. Er nutzte sie, indem er bis ans Ende seines Lebens mit nie nachlassender Konsequenz daran arbeitete, sich rund um die Erde etwas aufzubauen, was sich Jahrzehnte später auch hinter dem sonst kaum erklärlichen politischen Erfolg von Helmut Kohl als deutschem

Bundeskanzler verbergen sollte. Herbert Henzler, früher ein führender Manager der Unternehmensberatungsfirma McKinsey, hat es in seiner Autobiografie nachgerade liebevoll als entscheidende Grundlage für das eigene geschäftliche Wirken und dessen Erfolg beschrieben: ein zunehmend enger gestricktes Netzwerk von persönlichen Beziehungen.

Es begann damit, dass Monnet gleich nach dem Ausbruch des Ersten Weltkriegs den Auftrag bekam, mit Dienstsitz in London die französischen Interessen in einer gemeinsamen Kommission der westlichen Alliierten zu vertreten, die für die Steuerung und Koordinierung des für die Ernährung der Bevölkerung benötigten Importbedarfs von Nahrungsmitteln – insbesondere von Weizen – zuständig war. Eng zusammen arbeitete er dabei mit der berühmten amerikanisch-kanadischen Hudson Bay Company, zu der das Unternehmen seiner Familie schon seit längerer Zeit geschäftliche Beziehungen unterhielt – worin man übrigens ohne weiteres eine der vielfältigen, für den erfolgreichen Lebensverlauf von Monnet charakteristischen Eigenheiten festmachen kann: den Mangel an übertriebenen Skrupeln (oder gar die Selbstverständlichkeit), öffentliche Verantwortung mit der Wahrnehmung privater Interessen zu verquicken.

Kaum überraschen kann es da, dass er am Ende des Krieges auf französischer Seite unmittelbar in die Verhandlungen zum Abschluss eines Waffenstillstands – und gleich darauf auch des Friedenvertrags von Versailles – eingebunden wurde. Die nächste Stufe zum Ausbau seines weltweiten persönlichen Netzwerks schloss sich unmittelbar an, als er auf französischen Vorschlag zum stellvertretenden Generalsekretär des neu gegründeten Völkerbunds mit Sitz in Genf gewählt wurde. Nach zwei Jahren war freilich Schluss mit dieser Aufgabe. Die Familienfirma musste vorgehen, denn sie stand kurz vor der Pleite. Nach vielen Mühen gelang ihm die Rettung. Der nächste Wechsel folgte auf dem Fuß. Amerikanische Bankiers, die Monnet während seiner Zeit beim Völkerbund kennengelernt hatte, beauftragten ihn mit dem Aufbau einer europäischen Filiale. Bald konnte er sich selbst an dem neuen Institut beteiligen. Anleihen osteuropäischer Staaten führten dazu, dass er sich bald auch in Polen und Ungarn wie in seiner Westentasche auskannte. In kurzer Zeit wurde er so zum gefragten Bankier, der über engste Beziehungen zu der mächtigen amerikanischen Finanzwelt verfügte. Tatsächlich gelang es ihm, die 1929 ausbrechende große Weltwirtschaftskrise ohne allzu große Schrammen zu überstehen. Ein interner Krach unter den Aktionären endete jedoch mit der Trennung und dem Verlust seiner Beteiligung. Jean Monnet, zuvor zum Millionär geworden, musste wieder von vorn anfangen. Reich sollte er nie wieder werden – der Erfolg jedoch blieb ihm treu.

Gemessen an den vielfältigen Stationen seines Lebenslaufs während der 30er Jahre lässt sich über lange Strecken hinweg der Eindruck kaum vermeiden, dass wir es – in Umkehrung des »Manns ohne Eigenschaften« von Robert Musil – eher mit einem »Mann mit vielen Eigenschaften« zu tun hatten, um nicht zu sagen mit einem Hansdampf in allen Gassen. Zumeist als Berater nahm er eine nahezu unübersehbare Fülle wirtschaftlich ausgerichteter Aufträge wahr. So spielte er maßgeblich mit bei der Liquidation der übrig gebliebenen Vermögensteile des berühmten schwedischen »Streichholzkönigs« Ivar Kreuger, der nach dem Zusammenbruch seiner kriminellen Spekulationsgeschäfte Selbstmord begangen hatte. Kurz darauf ging es schon (freilich mit geringem Erfolg!) darum, sich von Shanghai aus in Diensten der chinesischen Nationalregierung um ausländische Investitionen im Land der Mitte zu bemühen. All diese (und noch viele andere) Tätigkeiten trugen ihm denn auch das Urteil eines amerikanischen Bankmanagers ein, der meinte, dass sich Jean Monnet »kaum sehr weit von einem Abenteurer unterscheidet«. Und in der Tat: Kaum wird man François Duchêne, einem seiner Biografen, widersprechen können, wenn er feststellt, dass »das Leben von Jean Monnet, wäre er 1938 gestorben und würde sich überhaupt jemand daran erinnern, als ein Leben voller unerfüllter Versprechen erschienen wäre«. Das sollte sich ändern.

Édouard Daladier, der französische Premierminister, den Hitler zusammen mit dessen englischem Kollegen Chamberlain 1938 in München übertölpelt hatte, ahnte durchaus, was kommen würde. Zudem wusste er genau, dass die militärische Rüstung seines Landes hoffnungslos hinterherhinkte. Das galt vor allem für einen zu erwartenden Luftkrieg. Es gab nur eine realistische Hoffnung: in den USA Flugzeuge zu kaufen. Und siehe da, Jean Monnet wurde dazu ausersehen, einschlägige Verhandlungen mit der amerikanischen Regierung aufzunehmen. Seine beiden ersten Gesprächspartner waren der Präsident, Franklin D. Roosevelt, dem man später eine enge persönliche Freundschaft zu Monnet nachsagen sollte, sowie Henry Morgenthau Jr., der Finanzminister, der ihm wohl eher mit gewissem Misstrauen begegnete. Zumindest im Rückblick erwies sich jedenfalls dieser Auftrag als entscheidender Wendepunkt im Leben von Jean Monnet: Der zwischen privaten Interessen und öffentlichen Aufträgen hin und her flatternde Schmetterling reifte zu einem Staatsmann, der es wie kein anderer verstand, mit beharrlicher Geduld, Einfühlungsvermögen in gegensätzliche Interessen und Geschicklichkeit im Umgang mit anderen ein Ziel in die Tat umzusetzen, dessen epochaler Rang von Tag zu Tag klarer werden sollte.

*

Zunächst kam es, wie es kommen musste. Hitler brach seinen lang ersehnten Krieg vom Zaun. Das europäische Völkergemetzel – und zusammen damit der Holocaust – nahm seinen Lauf. Am Schluss sollte ein ganzer Kontinent in Scherben liegen, wirtschaftlich, politisch, kulturell und, schlimmer als alles andere, menschlich. Wohl ist es wahr, dass einzelnen Personen allzu oft das alleinige Verdienst oder die alleinige Schuld – je nachdem – zugedacht wird, für geschichtliche Wendepunkte

verantwortlich gewesen zu sein. Im Falle von Jean Monnet freilich kann nicht die Spur eines Zweifels sein: Vor allen anderen
ist es ihm zu verdanken, dass die Europäerinnen und Europäer
schon so bald nach dieser beispiellosen Katastrophe wieder zu
sich selbst finden konnten.

Frankreich brach zusammen und fiel auseinander. Auf dem
europäischen Festland duldeten die deutschen Sieger einen
durch den greisen Marschall Pétain geführten Vasallenstaat
mit der Hauptstadt Vichy. Durch einen entschlossenen politischen Handstreich setzte sich hingegen in London der General
de Gaulle als Chef an die Spitze einer Exilregierung. Dabei versuchte er, sich kurzerhand alle nicht im unmittelbaren Zugriff
der Vichy-Regierung verbliebenen französischen Streitkräfte
zu unterstellen. Das gelang zwar nur teilweise: Sowohl der in
Algier angesiedelte Kommandeur der in Nordafrika stationier-
ten Land- und Luftstreitkräfte, General Giraud, als auch der
Oberbefehlshaber der Marine, Admiral Darlan am Flottenstütz-
punkt Toulon, entschlossen sich zum Abwarten, indem sie es
zunächst vermieden, offen von Vichy abzufallen. Monnet hingegen, der seit Kriegsbeginn an der Spitze einer gemeinsamen
englisch-französischen Beraterkommission für militärische
Beschaffungen stand, schlug sich – trotz seines Widerwillens
gegen die nahezu egomanischen Eigenheiten des Generals –
ohne Verzug auf die Seite de Gaulles.

Ein eigenes Buch wäre erforderlich, wollte man schildern,
wie tiefgehend und umfassend die Spannungen waren, die sich
fortan zwischen den beiden französischen Gruppen in London
und in Algier, aber auch zwischen dem eigenwilligen General
und seinen angloamerikanischen Alliierten entwickelten. Oft
genug stand die Situation am Rande eines politischen und militärischen Desasters. Ohne die Sachkenntnis von Jean Monnet, seine engmaschigen persönlichen Beziehungen zu den
französischen Kontrahenten ebenso wie auf beiden Seiten des
Atlantischen Ozeans, vor allem aber ohne sein diplomatisches
Genie wäre es zweifellos mehr als einmal zu ernsthaften po-

litischen Katastrophen gekommen. Ihren Höhepunkt erreichten die Auseinandersetzungen im Jahr 1943, als Roosevelt versuchte, de Gaulle, der ihm persönlich zutiefst zuwider war, das Heft aus der Hand zu nehmen. Zu diesem Zweck übte seine Regierung massiven Druck auf die französischen Partner unter dem General Giraud aus (Admiral Darlan war zuvor unter recht mysteriösen Umständen ermordet worden), um sie zu bewegen, sich nicht nur von ihrer Bindung an die Vichy-Regierung loszusagen, sondern bei dieser Gelegenheit auch mit Sitz in Algier eine neue, gegenüber dem störrischen General de Gaulle autarke Exilregierung zu bilden. Dahinter verbarg sich allerdings wohl noch mehr als nur die Abneigung des Präsidenten gegenüber de Gaulle: Vieles spricht dafür, dass Roosevelt eine europäische Nachkriegsordnung vorschwebte, die unweigerlich auf den Widerstand eines wiederbelebten und auf seine Vorrangstellung pochenden französischen Selbstbewusstseins stoßen musste.

Jean Monnet erschien offensichtlich nicht nur den Amerikanern, sondern auch ihren britischen Verbündeten als geeigneter Vermittler gegenüber den rivalisierenden französischen Partnern. Erstmals nach dem militärischen Zusammenbruch tauchte er jetzt in Algier auf. Giraud sah wohl anfänglich in ihm den Schlüssel für die dringend erhoffte zusätzliche Ausstattung mit schweren Waffen und die Aufstockung der unter seinem Kommando stehenden französischen Divisionen. Er sollte sich irren: Entgegen der traditionellen Geringschätzung eines Militärs gegenüber den Zivilisten handelte es sich bei dem Neuankömmling nicht um einen engstirnigen kleinen Kaufmann, sondern um einen mit allen Wassern gewaschenen Politiker und Diplomaten, der genau wusste, was er wollte.

Das Machtpoker der beiden französischen Kontrahenten interessierte Monnet nur in zweiter Linie. Vorrangig ging es ihm um die Zusammenführung seiner zerstrittenen Landsleute. Zweifellos war das ein gefährliches Spiel mit durchaus offenem Ausgang. Denn gegenüber standen sich die selbsternannte

Exilregierung in London mit ihrem Vorsitzenden de Gaulle, der sich selbst – ohne nennenswerte militärische Macht im Rücken – als personifizierte Verkörperung seines glorreichen Landes verstand und als solcher von den Widerstandskämpfern der Résistance als ihr unbestrittener Führer anerkannt wurde, und Giraud mit seinen Gefolgsleuten in Algier, die wenigstens über einen Rest von eigenem militärischem Potenzial verfügten und sich zudem der deutlichen Unterstützung aus Washington erfreuen konnten. Belegt ist, dass Roosevelt damals seinem englischen Partner Winston Churchill vorschlug, mit de Gaulle zu brechen, und dass von englischer Seite Jean Monnet nachgesagt wurde, dieser sei sich nicht ganz sicher, ob es sich bei de Gaulle um einen Demagogen, einen Irren oder beides zusammen handle (dieselbe Quelle gibt allerdings auch freimütig zu, der General habe sich deswegen allseits so unbeliebt gemacht, weil er bestrebt gewesen sei, rechtzeitig einer Bevormundung Europas durch die beiden englischsprechenden Länder vorzubeugen).

Die Konferenz im nahen marokkanischen Casablanca, auf der Roosevelt und Churchill Anfang 1943 die »bedingungslose Kapitulation« der Nazis und ihrer Vasallen zu ihrem unumstößlichen Kriegsziel erklärten, zwang schließlich die beiden französischen Streithähne unter einen Hut. Sie wurden gleichberechtigte Präsidenten einer gemeinsamen Regierung. Die vermeintliche Idylle sollte jedoch nicht lange andauern: Bereits im folgenden Sommer gab es nur noch einen wirklichen Chef, und der hieß de Gaulle. Sein Kontrahent hingegen verschwand immer mehr von der Bildfläche, während Jean Monnet zum Mitglied der neuen Regierung aufrückte, die fortan auf westlicher Seite formal als gleichberechtigter Alliierter galt.

Zum ersten Mal hatte er jetzt auf höchster politischer Ebene Verantwortung zu tragen. 1888 geboren, war er immerhin schon knapp 54 Jahre alt. Und was hatte er während dieser Lebensspanne schon alles lernen, ja miterleben müssen! Nicht nur, dass ihm in der Schule die Geschichte der jahrhundertelangen, zum großen Teil bestialischen Kriege zwischen den europäischen Völkern beigebracht worden war: seine Großeltern und Eltern hatten aus eigener Erfahrung vom blutigen Traum des napoleonischen Imperiums und dessen Ende berichtet, vom Neid zwischen den Franzosen und Deutschen, der mit der Ausrufung des wilhelminischen Reiches im Thronsaal von Versailles zu einer tiefen Demütigung geführt hatte. Selbst war er Zeuge von zwei schrecklichen Kriegen geworden, hatte die Kraft der Freiheit erlebt, die Völker zu ungeahnter Stärke verhelfen kann, aber auch eigenes unternehmerisches Auf und Ab, das ihn gelehrt hatte, wie unmittelbar wirtschaftliche und politische Entscheidungen im täglichen Leben miteinander zusammenhängen können. Und nicht zuletzt hatte ihn die Überheblichkeit von Amerikanern und Briten gegenüber den vermeintlich dauerhaft geschwächten Kontinentaleuropäern davon überzeugt, dass es zukünftig lebenswichtig sein würde, sich rechtzeitig, entschlossen und mit gleichem Gewicht gegen die Versuchungen der Macht, gegen die Gefahren politischer Kurzsichtigkeit und gegen den Missbrauch wirtschaftlicher Interessen zu wehren.

Mit anderen Worten: Jeden Tag mehr war ihm deutlich geworden, dass das politische Ziel, kriegerische Auseinandersetzungen zwischen den europäischen Völkern künftig unmöglich zu machen, nur zu erreichen war, wenn es gelingen würde, auf der Grundlage einer guten wirtschaftlichen Entwicklung den Menschen soziale Konflikte so weit wie möglich zu ersparen. Das aber setzte Mut und Beharrlichkeit voraus, die unzähligen Interessen, die einem solchen Ziel – vor allem durch einen Rückfall in die alte europäische Unsitte, sich gegeneinander mit Handelsschranken abzuriegeln – im Wege standen, nicht nur zu berücksichtigen, sondern miteinander zu versöhnen.

Gewiss wäre es allzu einfach, wollte man behaupten, dass sich das Denken und Handeln von Jean Monnet von nun an nur noch darum drehte, wie nach dem absehbaren Ende des Krieges ein neues Europa zu gestalten wäre. Der Schwerpunkt seiner offiziellen Verantwortung lag in dem Bemühen, seinem Land in der bevorstehenden Phase des wirtschaftlichen Wiederaufbaus ausreichende finanzielle Hilfe durch die Vereinigten Staaten zu sichern. Doch so wichtig diese mit einem ständigen Hin- und Herpendeln zwischen Algier, London und Washington verbundene Aufgabe auch gewesen sein mag: Die eigentliche Schicksalsfrage sah Jean Monnet in der fast unvorstellbar großen Herausforderung, nach dem nun absehbaren Ende des Krieges ein neues Europa zu formen, das – auf der Grundlage in sich gefestigter, untereinander gleichberechtigter demokratischer Staaten – in der Lage wäre, seinen Bürgerinnen und Bürgern ein Leben in Frieden und Wohlstand zu gewährleisten, ohne Gefahr zu laufen, irgendwann zur Kolonie anderer mächtiger Staaten hinabzusinken.

Dabei machte er sich von Anfang an keine Illusionen. Er wusste, dass es um das Bohren sehr, sehr dicker Bretter – mit allen dazugehörenden Rückschlägen und Enttäuschungen – gehen würde. Deutlich genug wurde das vom ersten Tag an, als er mit dem Versuch begann, zunächst einmal die jeweiligen Vorstellungen der westlichen Siegermächte zu ergründen. Zumindest bis zur alliierten Invasion zunächst 1943 in Italien und im folgenden Frühjahr dann in der Normandie waren sie – wie zu erwarten – durch ein heilloses Chaos gekennzeichnet. Weder Roosevelt noch Churchill hatten über den Tag der »bedingungslosen Kapitulation« hinaus irgendwelche auch nur entfernt als konkret zu bezeichnenden Vorstellungen entwickelt oder sich gar darauf geeinigt. Eher gab es hüben wie drüben Missverständnisse oder gar ein unterschwelliges Misstrauen. Churchill selbst lebte wohl noch bis zu seiner Abwahl als Regierungschef im Sommer 1945 in der trügerischen Annahme, dass sein durch den Krieg politisch wie wirtschaftlich schwer geschädigtes Land künftig weiterhin die Rolle einer Weltmacht spielen könne. Der amerikanische Präsident, von der überlegenen Stärke der republikanischen Idee überzeugt, machte sich hingegen Sorgen wegen der persönlichen Vorliebe seines britischen Partners für eher royalistisch geprägte Demokratien – und hielt nicht das Geringste von der Möglichkeit, dass ein durch den General de Gaulle geführtes Frankreich sich als europäische Führungsmacht aufspielen könnte …

Als noch ungleich komplexer sollte sich das Problem erweisen, als selbst den bisher gutgläubigsten westlichen Politikern endlich klar wurde, dass die grundlegend abweichende Interessenlage der sowjetischen Seite mit ins Kalkül gezogen werden musste. Tag um Tag wurde deutlicher, dass der sowjetische Diktator Josef Stalin im Unterschied zu seinen amerikanischen und britischen Verbündeten genau wusste, was er wollte: Er würde von dem durch seinen Streitkräfte eroberten Teil Europas freiwillig keinen Millimeter wieder hergeben, sondern ganz im Gegenteil versuchen, mithilfe politischer Umwälzungen noch möglichst viele der übrigen Staaten dem sowjetischen Imperium einzuverleiben.

Tatsächlich waren es auf der westlichen Seite de Gaulle und Monnet, die sich – angesichts des bevorstehenden Zusammenbruchs von Deutschland und Italien als den beiden anderen früher mächtigen Staaten – berufen fühlten, Leitlinien für die künftige Gestaltung zumindest des westeuropäischen Kontinents zu entwickeln. Für Jean Monnet standen dabei wirtschaftspolitische Notwendigkeiten im Vordergrund. Schon früh schwebte ihm die Errichtung einer Freihandelszone mehrerer gleichberechtigter Staaten (unter Einschluss eines möglicherweise auf mehrere autarke Regionen aufgeteilten Deutschland) vor, mit den an Rhein, Ruhr und Saar sowie in Lothringen gelegenen Gebieten der europäischen Kohleförderung und Stahlindustrie als Kern. Aus der Sicht des Generals überragte hingegen die Sicherung einer politischen Vorrangstellung Frankreichs alles andere, sodass er eher an eine Wirtschaftsgemeinschaft mit den drei Benelux-Ländern und einem von Deutschland abgetrennten Rheinland dachte (womöglich auch noch mit Italien, Spanien und der Schweiz als weiteren Mitgliedern). Für Großbritannien war freilich weder bei dem einen noch bei dem anderen ein Platz als zentraler Mitspieler vorgesehen.

Es würde sich hier nicht lohnen, auf die vielen Einzelheiten einzugehen, die in der ersten Nachkriegszeit die innenpolitische Entwicklung in Frankreich prägten. Jedenfalls standen die Auseinandersetzungen über die Gestaltung des wirtschaftlichen Wiederaufbaus sowie die dafür erforderlichen organisatorischen Voraussetzungen immer wieder im Mittelpunkt. Anders als später im befreiten Teil Deutschlands ging es allerdings weniger um nennenswerte weltanschauliche Differenzen zwischen den Anhängern einer marktwirtschaftlichen Ordnung und den Protagonisten einer staatlich gelenkten Wirtschaft: Vor dem Hintergrund der uralten französischen Traditionen kam niemand ernsthaft auf Idee, grundsätzlich anzuzweifeln, dass dem Staat auch zukünftig eine entscheidende Rolle zukommen müsse. Daran zweifelte auch Jean Monnet nicht, der – nach dem Anfang 1946 verkündeten Rücktritt des Generals de Gaulle als Regierungschef (der offensichtlich beleidigt war, weil die Parteien seiner Regierungskoalition nicht bereit waren, sich diskussionslos seinen politischen Vorstellungen zu beugen) – an die Spitze einer staatlichen Kommission berufen wurde, die einen Plan für den wirtschaftlichen Wiederaufbau erarbeiten sollte.

Zunächst einmal mussten die vorhandenen finanziellen Spielräume geklärt werden. Verantwortlich dafür war Robert Schuman als Finanzminister der neuen Regierung. Schuman und Monnet: Zum ersten Mal fand sich jetzt das Gespann zusammen, das wenige Jahre später zur entscheidenden Triebquelle für die Gründung der europäischen Kohle- und Stahlgemeinschaft, der sogenannten »Montanunion«, werden sollte – und damit, zumindest indirekt, auch zu den Gründervätern der später folgenden Europäischen Wirtschaftsgemeinschaft (EWG) als Vorläuferin der heutigen Europäischen Union.

Wie zu erwarten, stellte sich bald heraus, dass der Wiederaufbau Frankreichs ohne massive amerikanische Unterstützung kläglich scheitern musste. Noch bis zum Sommer 1947 sollte es jedoch dauern, ehe der amerikanische Außenminister George Marshall den nach ihm benannten Plan verkündete, ohne den der westliche Teil des europäischen Kontinents in hoffnungslosem Chaos versunken und am Ende zum wehrlosen Opfer des sowjetischen Eroberungshungers geworden wäre. Erst auf dieser Grundlage konnte auch Frankreich ernsthaft die Wiedergeburt seiner wirtschaftlichen und sozialen Lebensfähigkeit in Angriff nehmen, konnte später die neu gegründete Bundesrepublik Deutschland die Voraussetzungen für die Einführung der sozialen Marktwirtschaft schaffen, konnten auch die übrigen beteiligten Ländern die Türen für eine gesunde wirtschaftliche und soziale Entwicklung öffnen – alle zusammen aber damit die Grundlagen für eine freiheitlich-demokratische Staatsordnung schaffen.

Längst begeisterte das Ideal eines vereinten Europa allerorts die Träume der jungen Menschen. Mehr als das: Winston Churchill hatte 1946 in Zürich zur Gründung der »Vereinigten Staaten von Europa« aufgerufen. Trotzdem stieß die allgemeine Begeisterung schneller als gedacht auf die ernüchternde Wiederbelebung nationaler Eigensucht und kurzsichtiger Eifersüchteleien – um bald darauf daran zu scheitern. Jean Monnet hingegen war entschlossen, beharrlich weiter für die Ideale und Zielsetzungen zu kämpfen, die er aus tiefster Überzeugung teilte. Irgendwelchen Illusionen über die offenen wie die geheimen Widerstände, mit denen zu rechnen war, ist er dabei nie erlegen. In seinem Büro stand das Modell des Floßes Kon-Tiki, mit dem der norwegische Forscher Thor Heyerdahl sich 1947 auf den Weg durch den südlichen Pazifischen Ozean gewagt hatte – als Symbol für die ebenso abenteuerliche Entdeckungsreise zu einem neuen Europa.

Es galt, mit einem unvermeidlichen Dilemma zu leben. Nahezu beispielhaft waren von Anfang an die vielfältigen Irrfahrten und Umwege vorgezeichnet, denen das große geschichtliche Projekt einer Zusammenführung der europäischen

Nationen in den nun folgenden Jahrzehnten – und bis zum heutigen Tag! – immer wieder von neuem ausgesetzt sein sollte: die regelmäßig wiederbelebte und von Begeisterung getragene Hoffnung auf einen »großen Wurf«, und als Gegensatz dazu die nüchterne Erkenntnis, dass es zu dessen Realisierung der Mühe härtester Arbeit im Kleinen, der Bereitschaft zu klugen Kompromissen und der Zähigkeit bedarf, sich selbst durch allergrößte Schwierigkeiten nicht beirren zu lassen.

Wenn wir nicht aufpassen, könnte sich heute akuter als je zuvor erweisen, dass das Projekt gerade wegen dieses scheinbaren Widerspruchs an einem lebensgefährlichen Wendepunkt steht. Denn niemand kann ernsthaft die Augen davor verschließen, dass der Traum von einer Gemeinschaft der Europäer, die imstande ist, sich in der globalisierten Welt zu behaupten, nur unter einer Voraussetzung vollendet werden kann. Sie lautet, dass die entschlossen weitergeführten »Mühen der Ebenen« endlich wieder getragen werden müssen von einer glaubwürdigen, für die Bürgerinnen und Bürger verständlichen und sie überzeugenden politischen Zielsetzung, einer Vision.

Zwar soll Helmut Schmidt bekanntlich in der ihm eigenen lapidaren Art einmal bemerkt haben, wer Visionen habe, solle zum Arzt gehen. Doch in unserem Zusammenhang ist Widerspruch angebracht. Endgültig scheitern wird das Projekt nur dann, wenn niemand mehr den Mut aufbringen sollte, den Menschen offen und ohne Umwege zu sagen, dass jede und jeder von uns endlich bereit sein muss, die unvermeidlich damit verbundenen Lasten – womöglich einschließlich mancher materieller Einschränkungen – auf sich zu nehmen. Überzeugend kann das nur dann gelingen, wenn es von einer glaubhaften Vision getragen wird. Wir werden darauf zurückkommen.

*

Trotz der Welle von Zuversicht, die von der Verkündung des – nun wahrhaft historischen – Marshall-Plans ausging, stellte sich jedenfalls sehr bald heraus, dass selbst die schönsten Blütenträume nicht einfach im Handumdrehen reifen würden. Neben den erwähnten »Vereinigten Staaten von Europa« gab es davon nicht wenige andere. An vorderster Stelle stand die auch von den Amerikanern unterstützte »Europäische Bewegung«, die anfänglich sogar zur Gründung eines förmlichen »Europarats« durch Frankreich, Großbritannien, Italien, Irland, die Benelux-Staaten sowie Dänemark, Norwegen und Schweden führte (mit der jungen Bundesrepublik als zunächst assoziiertem Mitglied). In ihrem Kern litten ausnahmslos alle dieser Bestrebungen darunter, dass ihnen kaum ernst zu nehmende Vorstellungen über die Struktur eines geeinten Europa und seine Rolle in der Welt zugrunde lagen, sondern allenfalls nur das Bedürfnis einer gemeinsamen Absicherung gegen die befürchteten strategischen Absichten Moskaus. Allein eine solche Motivation reichte jedoch in keiner Weise aus, um die jeweiligen nationalen Interessen dauerhaft unter einen Hut zu bringen. Bald sollte daher das Interesse am »Europarat« wieder einschlafen.

Vor dem Hintergrund der fortbestehenden Einstellung der meisten Regierungen war zudem nicht zu übersehen, dass die traditionellen wirtschaftlichen Rivalitäten durch das Kriegserlebnis nicht einfach verschwunden waren. Im Gegenteil: Mit jedem Friedenstag lebten sie stärker wieder auf. Das Verhältnis zwischen Frankreich und Deutschland war davon in keiner Weise ausgenommen. Vielmehr führte die Frage der künftigen politischen Zugehörigkeit des Saarlands, das Frankreich in der einen oder anderen Form für sich beanspruchte, sogar zu einem echten Konflikt.

Die historische Stunde von Jean Monnet hatte geschlagen. Gefragt waren jetzt nicht mehr schön klingende Sonntagsreden, sondern ebenso zähe wie zielbewusste Bemühungen um konkrete Schritte. Was folgte, war denn auch kein Versuch eines weiteren »großen Wurfs«, sondern ein sorgsam abgewogener politischer Kompromiss. Genau diese kluge Enthaltsamkeit aber sollte sich im Verlauf der folgenden Jahre und Jahrzehnte als verlässlicher Grundstein für das immer engere und vertrauensvollere Zusammenwirken zwischen Deutschland und Frankreich erweisen, ohne das die bisherige Erfolgsgeschichte Europas undenkbar gewesen wäre. In der Regel wird dieser erste Schritt, der alles Weitere nach sich zog, mit dem Namen eines französischen Staatsmannes verknüpft, dem Namen von Robert Schuman. Das ist zwar insofern berechtigt, als der damalige französische Ministerpräsident (und spätere Außenminister) – tief in seiner katholischen Tradition verwurzelt und fest von der Notwendigkeit überzeugt, die westeuropäischen Nationen unter einem christlich-abendländischen Banner zu vereinen – auf der eigentlichen politischen Ebene entscheidend zum Gelingen des Vorhabens beigetragen hat. Der eigentliche Vater des Schuman-Plans war freilich ein anderer: eben Jean Monnet.

Seine Grundidee war einfach. Ohne je das langfristige Ziel einer politischen und wirtschaftlichen Zusammenführung Europas aus den Augen zu verlieren, mussten zunächst für ein eng abgegrenztes, genau überschaubares und doch für die Beteiligten lebenswichtiges Gebiet Vereinbarungen getroffen werden, die eine unauflösliche Verflechtung der jeweiligen nationalen Interessen bewirkten. Im Prinzip war es das gleiche Strickmuster, das dreißig Jahre später dem durch den französischen Präsidenten Giscard d'Estaing und Bundeskanzler Helmut Schmidt konzipierten Projekt einer europäischen Währungsunion zugrunde lag: zunächst Bindungen in einem Teilbereich zu schaffen, die sich als unauflöslich erweisen, und genau dadurch weitere Schritte zu einer grundlegenden politischen Vereinigung erzwingen.

Das ganze Gewicht eines solchen Vorgehens wird freilich erst dann deutlich, wenn man sich vor Augen hält, wie sehr es sich von allen Träumen eines sozusagen »von oben«, also durch die Regierungen »aufoktroyierten« Zusammenschlusses zu einem Einheitsstaat unterscheidet. Derartige Ansätze hatte es nicht erst durch die erwähnte Initiative von Winston Churchill unmittelbar nach Kriegsende, sondern bereits in den 20er Jahren des 20. Jahrhunderts – nicht zuletzt durch die sogenannte »Paneuropa-Bewegung« des österreichischen Adligen Coudenhove-Kalergi und gegen Ende des Jahrzehnts durch einen Plan des französischen Außenministers Briand – gegeben.

Gescheitert waren sie alle daran, dass sie zwar auf dem Papier wunderschön, ja begeisternd klangen, aber in der politischen Realität von vornherein nicht die geringste Chance hatten: Sie verkannten ganz einfach, dass die gegenläufigen Interessen einer Unzahl von machtvollen Beteiligten nur dann überwunden werden können, wenn man das spätere Ziel Schritt um Schritt ansteuert (und dabei die Kraft aufbringt, notfalls auch gravierende Rückschläge zu verkraften).

Zugleich liegt damit ein gewichtiger Unterschied zu der Situation auf der Hand, die heutzutage für die europäische Vereinigung gilt. Das künftige Schicksal des Euro – und, untrennbar davon, die Zukunft der Europäischen Union – steht täglich an vorderster Stelle auf der Tagesordnung. Dabei ist längst klar, dass zur Lösung des Problems zwar weiterhin kleine Schritte unvermeidlich sein werden. Sie werden jedoch nur noch dann erfolgreich sein können, wenn es den Partnern gelingt, sich auf ein umfassendes Ziel zu einigen, das sie gemeinsam erreichen wollen. Sonst ist das Projekt der europäischen Vereinigung am Ende. Das Teilgebiet, auf das sich der Schuman-Plan beschränkte, die Kohle- und Stahlerzeugung, interessierte hingegen gerade einmal die unmittelbar Beteiligten. Die politischen Folgen, die Jean Monnet anstrebte, waren allerdings die gleichen, um die es bis heute geht ...

Umso mehr muss es im Rückblick als politisches Wunder erscheinen, dass das Vorhaben damals gelang. Seine Erklärung findet das Mysterium darin, dass es ohne langwierige öffentliche Diskussion mit einem wahrhaften Paukenschlag in die

Welt gesetzt und anschließend zügig realisiert wurde. Dabei war die Idee als solche alles andere als neu: Schon seit dem Ende des Ersten Weltkriegs war wiederholt angeregt worden, die Gewinnung der für die französische wie für die deutsche Industrie lebenswichtigen Rohstoffe Kohle und Stahl in irgendeiner Form zusammenzulegen und damit künftige militärische Auseinandersetzungen im Keim zu ersticken. Was Monnet mit dem Schuman-Plan bezweckte, war trotzdem ein Schritt, von dem sich zum damaligen Zeitpunkt, so kurz nach der deutschen Niederlage, kaum jemand ernsthaft vorstellen konnte, dass er in Frankreich politisch durchsetzbar wäre. Es handelte sich nämlich um die Übertragung der staatlichen Entscheidungshoheit über die Produktion und den Handel der beiden Grundstoffe auf eine überstaatliche Behörde – also einen freiwilligen Verzicht auf Teile der nationalen französischen Souveränität.

Als besonders schwerwiegende Nebenfolge kam hinzu, dass dieser Weg in seinem Kern auf eine grundlegende Wende in der politischen Ausrichtung Frankreichs hinauslief. Das Land verabschiedete sich damit von allen früheren Hegemonieträumen in Europa, genauso wie von der traditionellen Strategie eines engen Gleichklangs mit Großbritannien, einer »Entente Cordiale«. An deren Stelle trat nun die Öffnung für die bewusste Bindung an kontinentale Partner, in erster Linie gar zu einer unauflöslichen Partnerschaft mit Deutschland.

Die Grundzüge des Schuman-Plans, die mit Bundeskanzler Adenauer abgestimmt waren, wurden im Mai 1950 bekannt gegeben. Italien und die drei Benelux-Staaten, Belgien, die Niederlande und Luxemburg, erklärten alsbald ihr Interesse, sich an dem Projekt zu beteiligen. Monnet wurde von der französischen Seite mit der Verhandlungsführung beauftragt – und bald von den anderen Partnern als ehrlicher Makler anerkannt. Tatsächlich gelang es ihm, die komplizierten Abstimmungsgespräche bis zum Jahresende abzuschließen. Die Unterzeichnung der Verträge zog sich noch bis zum folgenden April hin, weil auf deutscher Seite die Entflechtung der traditionellen Wirtschaftskartelle erst auf Druck von amerikanischer Seite zustande kam (abgesehen davon, dass nach dem inzwischen stattgefundenen Volksentscheid auch noch die politische Zugehörigkeit des Saarlands zur Bundesrepublik Deutschland endgültig vereinbart werden musste). Die Ratifizierung durch die sechs Parlamente nahm ein weiteres gutes Jahr in Anspruch. Doch dann war der erste und entscheidende Schritt zur friedlichen und demokratischen Vereinigung Europas endgültig getan. Er schrieb fest, dass das künftige Europa mehr sein sollte als nur die Summe seiner Staaten und Nationen – und dass es zu diesem Zweck eine (wenn auch zunächst nicht direkt gewählte, sondern durch die Parlamente der Mitgliedsländer entsandte) Volksvertretung, einen Ministerrat und eine Hohe Behörde für Kohle und Stahl geben würde. Ihr erster Präsident: Jean Monnet.

Die folgenden Jahrzehnte waren durch ständig neue Versuche gekennzeichnet, in die gleiche Richtung weiter voranzukommen. Eine kaum noch überschaubare Zahl von Geschichtsstudien schildert, warum sie allenfalls kleine Fortschritte gebracht haben oder gar vollständig gescheitert sind. Nicht zuletzt zählt dazu der 1952 auf französische Initiative unternommene Versuch, die Streitkräfte in einer sogenannten »Europäischen Verteidigungsgemeinschaft« (EVU) zu vereinen. Unterschiedlichste Motive führten schließlich zum Paukenschlag einer Ablehnung des Projekts durch das französische Parlament. Oftmals rein eigensüchtige und populistische Interessen gewannen im Laufe der Jahre zunehmend an Bedeutung. Das äußerst zwiespältige Verhältnis zu Großbritannien ist dabei bis heute besonders bedeutsam geblieben: Hatte schon 1963 der damals erneut als französischer Präsident amtierende Charles de Gaulle durch sein Veto brüsk den Beitritt des Landes zur Europäischen Wirtschaftsgemeinschaft verhindert, stoßen bis heute jegliche Versuche, die wild gewordenen Finanzmärkte an die Leine gestrenger europäischer Regulierungen zu legen, regelmäßig im Interesse der Banken und der Londoner Börse auf britischen Widerstand. Das Projekt des Schuman-Plans hingegen wurde zum vollen Erfolg. Bereits 1955 schlugen die Außenminister der Mitgliedsstaaten den Ausbau der Montanunion zu einem gemeinsamen Markt und darüber hinaus zur schrittweisen Zusammenführung ihrer nationalen Wirtschaften vor. Am 25. März 1957 wurden in Rom – zusammen mit der Errichtung einer Behörde zur gemeinsamen zivilen Nutzung der Atomenergie – die Verträge zur Gründung der Europäischen Wirtschaftsgemeinschaft (EWG) unterschrieben. Zwar waren ihre Organe anfänglich mit deutlich weniger Vollmachten ausgestattet als diejenigen der Montanunion, doch das sollte sich im Laufe der Jahre ändern. 1958 folgte die Einsetzung des ersten gemeinsamen Parlaments mit Sitz in Straßburg.

Die Arbeit von Jean Monnet war 1955 getan. Europa hatte sich endgültig auf den Weg gemacht. Zufrieden konnte er sich von der ungeliebten Arbeit im Licht der Öffentlichkeit zurückziehen, um wie gewohnt im Stillen weiter an der Vollendung seines Lebenswerks zu arbeiten. Diese wartet freilich bis heute, fast 35 Jahre nach seinem Tod, immer noch auf ihren Abschluss. Trotzdem bleibt wahr, dass es Jean Monnet war, der im richtigen Augenblick den »Zipfel der Geschichte« – den Otto von Bismarck anlässlich der 1871 erreichten Reichsgründung herbeibeschworen hatte – ergriff und das vereinte Europa auf den Weg brachte.

III.

OHNE GLEICHE SOZIALE UND WIRTSCHAFTLICHE CHANCEN KEIN FRIEDEN

Viele – teilweise dramatische – Entwicklungen sollten folgen, bis die heutige Europäische Union schließlich während der zurückliegenden Jahre in ihre schwerste Krise geriet. Anfänglich wechselten sich grundlegende Übereinstimmungen über die Ziele, die man erreichen wollte, in schneller Reihenfolge mit massiven Meinungsverschiedenheiten ab. Das Zustandekommen der Römischen Verträge war anfänglich noch geprägt durch die übereinstimmende Neigung von Konrad Adenauer, Robert Schuman und dem damaligen italienischen Ministerpräsidenten Alcide De Gasperi, die gemeinsame Zukunft Europas in seiner katholisch geprägten christlichen Tradition zu suchen. Selbst die fortschreitende Erstarrung der Fronten zwischen West und Ost im sogenannten »Kalten Krieg« führte jedoch nicht dazu, dass die Befürchtungen vor sowjetischen Eroberungsgelüsten als Ansporn ausreichten, um die Eigeninteressen der europäischen Staaten unter einen Hut zu zwingen. Hinzu kamen vielfältige innenpolitische Meinungsverschiedenheiten in den Mitgliedsländern – wie beispielsweise zwischen Adenauer und seinem Wirtschaftsminister Ludwig Erhard, der von der Sorge getrieben war, dass eine zu enge Bindung an das traditionell etatistisch eingestellte Frankreich die Unterstützung der deutschen Zukunft durch die USA, die ihm in nahezu weltanschaulich-gläubiger Weise als unverzichtbar erschien, aufs Spiel setzen könnte.

Eine erste grundlegende Krise sollte sich tatsächlich erst im Rückblick als vorübergehend erweisen. Wegen eines Streits über Einzelheiten von wirtschaftspolitischen Maßnahmen kündigte Frankreich 1965 seine Mitarbeit auf, kehrte jedoch ein Jahr später an den gemeinsamen Tisch zurück. Nicht weniger dramatisch hatte schon vorher das erwähnte Veto von de Gaulle gegen einen Beitritt Großbritanniens zur EWG gewirkt, konnte doch niemand die Augen davor verschließen, dass die von den Beteiligten immer wieder beschworene besondere Verbindung zwischen den beiden angloamerikanischen Ländern tatsächlich den Vereinigten Staaten unzumutbare Einflussmöglichkeiten auf die weitere europäische Entwicklung eröffnen könnte.

Trotz dieser Stolpersteine ging es Schritt für Schritt voran. 1967 wurden die drei bisherigen europäischen Gemeinschaften zur EG, der Europäischen Gemeinschaft, zusammengeführt. 1971 folgte der Beschluss, den bisherigen Freihandelsraum zu einem durch keinerlei Grenzen mehr behinderten gemeinsamen Wirtschaftsraum auszubauen. Verbunden damit war die (allerdings erst einige Jahre später in die Tat umgesetzte) Entscheidung, den sogenannten ECU (European Currency Unit) als eine für alle Partner zugängliche Verrechnungseinheit des gegenseitigen Währungsverkehrs zu schaffen. Und schließlich wurde 1985 Jacques Delors zum Präsidenten der Europäischen Kommission gewählt – ein Glücksfall der Geschichte, sollte sich doch bald herausstellen, dass damit nach Jean Monnet zum zweiten Mal ein Franzose das Steuer in die Hand bekam, dem es während seiner fast zehnjährigen Amtszeit gelingen sollte, die europäische Vereinigung entscheidend voranzubringen.

Vor allem ihm – und der massiven Unterstützung durch Helmut Kohl – ist es zu verdanken, dass 1992 der Vertrag von Maastricht zustande kam. Zwar kann das Vertragswerk mit seinen komplizierten und zumindest für Außenstehende kaum durchschaubaren Regelungen fast als Musterbeispiel für die Schwerfälligkeit gelten, zu der sich die Europäer selbst verdammt haben, indem sie ihre eigene Handlungsfähigkeit durch den ständigen Zwang zu erneuten Kompromissen einengen. Trotzdem ist längst erwiesen, dass damit – zusammen mit der späteren, gleichfalls unter der Federführung von Delors vorbereiteten Einführung des Euro als gemeinsamer Währung von zunächst zwölf (und inzwischen 17) Mitgliedsstaaten – die Vereinigung Europas in Wahrheit unumkehrbar geworden ist.

Rückblickend mag es verwunderlich erscheinen, warum – ganz zu schweigen von dem noch weit länger zurückliegenden Appell von Winston Churchill oder der fünf Jahre darauf gegründeten Montanunion – nach der Unterschrift der Römischen Verträge mehr als dreißig Jahre vergehen mussten, bevor der Prozess des Zusammenwachsens der freien und demokratischen Staaten Westeuropas zu mehr führte als zu einem Staatenverbund, der die politische und wirtschaftliche Souveränität der Mitglieder allenfalls auf eng begrenzten Randgebieten einschränkte. Die Erklärung dafür liegt jedoch auf der Hand.

Der »Kalte Krieg« bewirkte, dass das westliche Europa militärisch wie wirtschaftlich unter dem Schutzschild der Vereinigten Staaten von Amerika stand – mit der Folge, dass für die europäischen Mündel kein ernst zu nehmender Druck bestand, ihre jeweilige Selbstständigkeit aufzugeben, solange sie sich nur an die grundlegenden Regeln der Führungsmacht hielten und nicht durch unnötige Balgereien Unfrieden innerhalb der Allianz stifteten. Mit anderen Worten: Die in der NATO gebündelte atlantische Verteidigungsgemeinschaft gewährleistete, dass niemand eine Wiederholung früherer kriegerischer Auseinandersetzungen in den eigenen Reihen befürchten musste. Vielmehr konnte man sich in aller Ruhe der Mehrung des eigenen Wohlstands hingeben. Von Tag zu Tag mehr verblasste so die Erfahrung, wie schnell politische Bequemlichkeit unberechenbare Gefahren auslösen kann. Heutzutage erscheint es fast, als sei sie schon gänzlich vergessen.

*

47

Wer von uns hat eigentlich noch eine Vorstellung davon, was dieses Europa in seiner Geschichte schon alles erlebt hat, was seine Bewohner, Frauen wie Männer, durchmachen mussten – wie unvorstellbar lange es also gedauert hat, bis ihnen endlich klar wurde, dass sie ihre Zukunft nur bestehen können, wenn sie nicht gegeneinander, sondern miteinander handeln? Man braucht da gar nicht so weit zurückzudenken wie etwa bis zum 17. Jahrhundert, zum Dreißigjährigen Krieg, als wild gewordene Feldherren im Auftrag ihrer ruhmsüchtigen Dienstherren mit ihren Söldnerheeren kaum eine Ansiedlung westlich des Rheins und nördlich der Alpen verschonten, begleitet von mörderischer Brandschatzung, brutaler Plünderung, Zerstörung der Felder, Vergewaltigung der Frauen und Niedermetzelung der unterlegenen Männer. Genauso wenig brauchen wir uns an den selbsternannten Kaiser Napoleon erinnern, der die männliche Bevölkerung weiter Teile Europas, soweit sie kriegstauglich war, unter sein Regiment zwang, um sie für seinen größenwahnsinnigen, bis in die russische Eiswüste reichenden Traum von der französischen Dominanz erbarmungslos in den Tod zu treiben.

Nein, es reicht schon aus, wenn wir nur an wenige, fast beliebig herausgegriffene Beispiele seit der Mitte des 19. Jahrhunderts zurückdenken. Es war jene Zeit, als der große, den ganzen Kontinent erfassende Umbruch von der landwirtschaftlichen zur industriellen Ära längst im Gange war, eine Zeit, in der allenthalben in Europa die Menschen begonnen hatten, sich in der Nachfolge der französischen Revolution gegen die Allmacht der Herrschenden zu wehren und sich freiheitliche, demokratische und rechtsstaatliche Strukturen zu erkämpfen.

Um die Mitte dieses Jahrhunderts gab es trotzdem den sogenannten Krimkrieg, in dessen Verlauf die daran beteiligten russischen, osmanischen, französischen und englischen Regierungen nicht davor zurückschreckten, für ihre aberwitzigen politisch-militärischen Machtziele rücksichtslos Zehntausende junger Männer in den Tod zu schicken. Der Lohn, der den wehrlosen Opfern als Nachruhm zuteil wurde, bestand aus dröhnenden Dichterballaden (wie der im englischsprachigen Raum bis heute gern zitierten *Charge of the Light Brigade* von Alfred, Lord Tennyson, die den hoffnungslosen Ansturm einer berittenen Brigade gegen das Abwehrfeuer der russischen Kanonen zum Vorbild für heldenhaften Todesmut verklärt). Gekrönt wurden solche ebenso kaltblütigen wie gewissenlosen Befehle der sich in ihren bequemen Unterständen am Rotwein labenden Generäle schließlich im Ersten Weltkrieg, als – beispielsweise – im Herbst 1914 Tausende von völlig unerfahrenen jungen deutschen Studenten beim flandrischen Langemarck offenen Auges in das französische Trommelfeuer geschickt wurden. Das war freilich nur ein harmloser Vorgeschmack auf den späteren sogenannten »Stellungskrieg« mit seinen festgefrorenen Fronten, der die Kommandierenden auf beiden Seiten zu der wahnwitzigen Annahme verführte, sie könnten den Krieg gewinnen, indem sie das auf der Gegenseite vorhandene »Menschenmaterial« durch das stete Feuer ihrer Kanonen und durch den Beschuss mit Giftgas »ausbluten«.

Zugleich waren es nicht nur Kriege, nicht nur das blinde Machtstreben von Herrscherhäusern und ihrer Militärs, unter denen die Menschen hilflos zu leiden hatten. Überall war die europäische Entwicklung geprägt von tiefgreifenden politischen Umwälzungen, vom Aufkommen gänzlich neuer staatlicher Strukturen. Zwar waren damit nicht selten auch militärische Auseinandersetzungen verbunden. Viel tiefer noch gingen jedoch die grundlegenden Eingriffe in die gewohnten Traditionen und das unmittelbare Umfeld der Bürger und ihrer Familien, indem landsmannschaftlich bedingte lokale und regionale Unterschiedlichkeiten zu einheitlichen Nationalstaaten zusammengeschmolzen wurden.

Joseph Roth, der ebenso großartige wie tragische österreichische Dichter, hat sie einmal in seiner unverwechselbar nostalgischen Tonart so beschrieben (*Die Büste des Kaisers*): »In jener Zeit begann nämlich ... jene ›Nationalitätenfrage‹ heftig zu werden. Alle Leute bekannten sich – ob sie wollten oder so tun mussten, als wollten sie – zu irgendeiner der vielen Nationen, die es auf dem Gebiet der alten Monarchie gab. Man hatte (...) bekanntlich entdeckt, dass jedes Individuum einer bestimmten Nation oder Rasse angehören müsse, wollte es wirklich als bürgerliches Individuum anerkannt werden. ›Von der Humanität durch Nationalität zur Bestialität‹ hatte der österreichische Dichter Grillparzer gesagt. Man begann just damals mit der ›Nationalität‹, der Vorstufe jener Bestialität, die wir heute erleben. (...) Und all die Menschen, die niemals etwas anderes gewesen waren als Österreicher, in Tarnopol, in Sarajewo, in Wien, in Brünn, in Prag, in Czernowitz, in Oderburg, in Troppau, niemals etwas anderes als Österreicher: sie begannen nun, der ›Forderung der Zeit‹ gehorchend, sich zur polnischen, tschechischen, ukrainischen, deutschen, rumänischen, slowenischen, kroatischen ›Nation‹ zu bekennen – und so weiter.«

*

Bis heute ist dieser Prozess nicht abgeschlossen. Mitunter kann er sich sogar sehr lange hinziehen. Vor dem Hintergrund des aktuellen Geschehens wird das am Beispiel Italiens besonders deutlich. Formal gelang es zwar, nach 20-jährigen Wirren und damit verbundenen kriegerischen Auseinandersetzungen, die nationale Vereinigung des Landes um 1860 herum Wirklichkeit werden zu lassen, also etwa um die gleiche Zeit wie die Gründung des Deutschen Reiches. Doch anders als in Deutschland sind die unterschiedlichen wirtschaftlichen, kulturellen und sozialen Strukturen in den Regionen Italiens bis heute noch nicht tragfähig aneinander angeglichen. Unter anderem hat das zur Folge, dass sich – abgesehen von einer vorübergehenden Phase der Konsolidierung während der Zeit des »Kalten Krieges« – keine dauerhaft in sich gefestigten politischen Parteien herausgebildet haben, die in der Lage sind, die regionalen Interessen auf nationaler Ebene verlässlich zu vereinen. Trotz der hoch leistungsfähigen Wirtschaft vor allem im Norden des Landes ist es genau diese Schwäche seiner politischen Strukturen, die Italien zu einem so sorgenvollen Problemfall unter den Mitgliedsstaaten der Europäischen Union gemacht hat – und uns alle mit der bitteren Wahrheit konfrontiert, dass mit Griechenland und Italien genau die beiden Länder zu der augenblicklichen Krise beitragen, deren kulturelles Erbe die Länder und Völker Europas so eng aneinander bindet.

Kaum war jedenfalls die Entstehung der Nationalstaaten im Verlauf des 19. Jahrhunderts auch nur einigermaßen abgeschlossen, fiel ihnen nichts Besseres ein, als sich gegenseitig an die Gurgel zu gehen, um größer und mächtiger zu werden als die anderen. Mit dem Ausbruch des Ersten Weltkriegs begann 1914 die »Urkatastrophe« – wie sie der bedeutende amerikanische Historiker und Politiker George F. Kennan zu Recht benannt hat – des 20. Jahrhunderts. Vieles spricht inzwischen dafür, dass der Krieg bewusst von einigen scharfmacherischen Drahtziehern im kaiserlichen Deutschland vom Zaun gebrochen wurde. Der mit diesem Verdacht verbundene akademische Streit unter den Historikern braucht uns allerdings weit weniger zu interessieren als die von niemandem bestrittene Tatsache, dass im Grunde genommen alle beteiligten Großmächte – Deutschland und Österreich-Ungarn auf der einen, Frankreich, Großbritannien, Italien und Russland auf der anderen Seite – in die Auseinandersetzung hineingestolpert sind, ohne vorher ernsthaft eine friedliche Einigung versucht zu haben. Während auf den Schlachtfeldern längst Abertausende junger Männer verbluteten oder erstickten, träumten wahnwitzige deutsche Militärs und ihre politischen Handlanger selbst nach dem Kriegseintritt der Vereinigten Staaten von Amerika immer noch von einem »Siegfrieden« und der Annexion fremder Länder, ging es auf französischer Seite vor allem um Rache für den verlorenen Krieg von 1870/71 und die Rückgewinnung von Elsass-Lothringen.

Am Ende stand nicht nur der Untergang des wilhelminischen Deutschen Reichs, sondern auch eine umfassende staatliche und nationale Neuordnung in weiten Teilen des östlichen und südöstlichen Europa. Dazu zählte der Zerfall von zwei Mächten, die über Jahrhunderte hinweg eine maßgebliche Rolle in der Weltpolitik gespielt hatten: des Kaiserreichs Österreich-Ungarn und des Osmanischen Reichs, mit der Folge, dass neue autarke Nationalstaaten wie das Königreich Jugoslawien (mit seiner geschichtlich wie kulturell keineswegs »homogen« zusammengesetzten Bevölkerung aus Serben, Kroaten und Slowenen), die Tschechoslowakei und das wiederbegründete Polen entstanden, während die 1923 unter Kemal Atatürk neu gegründete Republik Türkei ihren Weg in die westliche Moderne begann.

Die europäische Unruhe war freilich damit nicht zu Ende. Zum Schluss waren es tiefgreifende wirtschaftliche Erschütterungen, deren Auswirkungen dafür sorgten, dass allenthalben sogar die Erinnerung an das Grauen des großen Krieges verblasste und der Kontinent in neue Unruhe und Streitigkeiten verfiel.

In Deutschland war es die Inflation der 20er Jahre, die das mühsam aufgebaute Vermögen unzähliger Menschen vernichtete. Kurz darauf, am Ende des Jahrzehnts, folgte eine weltumspannende Wirtschaftskrise, die den Ruin einer großen Zahl von Unternehmen und eine explodierende Arbeitslosigkeit nach sich zog. Daraufhin brach unter dem Druck blutiger Straßenschlachten zwischen nationalsozialistischen und kommunistischen Schlägerbanden die demokratische Staatsordnung der Weimarer Republik hilflos in sich zusammen. Adolf Hitler konnte damit beginnen, die Todesspuren seines Wirkens in die Geschichte des 20. Jahrhunderts zu pflügen. Parallel dazu gelang es Josef Stalin von Tag zu Tag mehr, die russische kommunistische Partei unter seine brutale Führung zu zwingen, bis sich die 1917 nach der Revolution ausgerufene »Diktatur des Proletariats« schließlich 1937 mit der Liquidation aller verbliebenen Rivalen endgültig in eine Einmanndiktatur verwandelte. Die Weichen waren gestellt: Die in der UdSSR schon früh eingeübte grausame Massenvernichtung unschuldiger Menschen durch den Staat sollte mit dem 1939 mutwillig durch die nationalsozialistischen Verbrecher ausgelösten Zweiten Weltkrieg und dem Holocaust zu einer Orgie des Tötens anschwellen, die bis heute jegliche menschliche Vorstellungskraft übersteigt.

Bereits der Erste Weltkrieg hatte die Menschen in allen europäischen Ländern wie eine Geißel getroffen, mit der die Geschichte sie für die blinde Vermessenheit strafte, sich über andere erheben und die Interessen ihrer vermeintlichen Nationen mit militärischer Gewalt durchsetzen zu wollen. Im Nachhinein als geradezu harmlos erscheint diese Erfahrung freilich im Blick auf den Zweiten Weltkrieg: Im Verein mit seinem italienischen Kleinableger Benito Mussolini gelang es dem deutschen »Führer«, seine räuberischen Absichten in eine Ideologie zu kleiden und damit dem Volk vorzugaukeln, es gehe darum, das durch »die Vorsehung« geadelte Gute gegen die bei den Gegnern angesiedelten Interessen des Bösen zu behaupten – während es der sowjetische Diktator erfolgreich vermochte, die vaterländische Verbundenheit seines Volkes für die Pflicht zu missbrauchen, sein Leben für die menschenverachtende Ideologie des Stalinismus hinzugeben.

Das Kunststück, den Geist der Menschen mit Hilfe von Ideologien zu vernebeln, sollte sich erst nach einem weiteren entbehrungs- und opferreichen halben Jahrhundert, mit dem Ende des Kalten Krieges und dem Zusammenbruch des sowjetischen Reichs, endgültig als geschichtliche Illusion erweisen. Die Überzeugung von Freiheit, Demokratie und Rechtsstaatlichkeit, mit der die westlichen Alliierten im Verlauf des Zweiten Weltkriegs so viele kritische Situationen gemeistert und schließlich den Sieg errungen hatten, wurde zum Grundstein für das neue Europa – zuerst im westlichen Teil des Kontinents und schließlich, am Ende des Jahrhunderts, auch für die bis dahin unter dem sowjetischen Joch unterdrückten Völker im Osten. Verwirklicht werden konnte dieser grandiose geschichtliche Erfolg, weil die Europäer – mit Unterstützung der Amerikaner – nach dem Ende des Krieges endlich die Kraft gefunden haben, die richtigen Lehren aus ihrer Geschichte zu ziehen. Sie lauten, dass grundlegende wirtschaftliche und soziale Interessengegensätze unter den Völkern schneller als gedacht gefährlichen Neid – und später Hass – hervorrufen können, wenn aus diesem Nährboden Ideologien hervorsprießen und durch politische Verführer für ihre Zwecke missbraucht werden. Jean Monnet war es, der den festen Grundstein für den historischen Wandel gelegt hat. Vor allem er war es, der die Erkenntnis durchsetzte, dass es nur ein Rezept gibt, das gegen eine Wiederholung der vorangegangenen Erfahrungen immunisieren kann: den Bürgerinnen und Bürgern Europas Schritt um Schritt zu gleichen sozialen und wirtschaftlichen Chancen zu verhelfen – indem die Grenzen zwischen ihren Ländern niedergerissen und durch eine gemeinschaftliche politische Führung ersetzt werden.

Dass dies auch in Zukunft so bleibt, scheint auf dem Hintergrund des dramatischen Ringens der Europäer um ihre gemeinsame Zukunft, das uns während der letzten Jahre umgetrieben hat, und unter dem Eindruck der begleitenden Sirenengesänge mancher von der eigenen Bedeutung berauschter Leitartikler, eitler Professoren oder nach Bekanntheit gierender Talkshow-Teilnehmer keineswegs sicher zu sein. Diejenigen, die unsere geschichtlichen Wege und Irrwege kennen, wissen hingegen ein Lied davon zu singen, was geschehen kann, wenn man meint, man könne die eigene Haut retten, indem man teilnahmslos zusieht, wie der Nachbar von den Fluten verschlungen wird.

IV.

AUF DER SUCHE NACH EINER IDENTITÄT

So weit, so gut. Die geschichtliche Erfahrung und der nüchterne Verstand gebieten zwingend, auf die Stimme der Vernunft zu hören, anstatt uns von Emotionen hinreißen zu lassen. Keinem Verführer darf es je wieder gelingen, Kriege unter europäischen Nachbarn vom Zaun zu brechen – und nie wieder dürfen wir bereit sein, Freiheit, Demokratie und Rechtsstaatlichkeit gegen noch so süß klingende Schalmeienklänge einzutauschen.

Reicht das aber als Begründung dafür aus, unser gesamtes Wohl und Wehe unauflöslich mit dem Schicksal anderer Völker zu verknüpfen? Auch wenn sie uns alle in der einen oder anderen Art nahestehen sollten – bleiben nicht doch genügend Unterschiede, die vor allzu vorschnellen Umarmungen warnen? Angefangen vom Klima, in dem wir leben, über die traditionellen Verhaltensweisen und Gewohnheiten im Umgang untereinander, dem zumindest in der Regel unterschiedlichen Aussehen bis hin zu Temperament und Sprache? Kurz: Sind nicht unsere Denk- und Handlungsweisen – sprich: unsere gewachsenen kulturellen Prägungen – letzten Endes viel zu verschieden, um sie allein mit Argumenten des Verstandes und der Vernunft beiseiteschieben oder gar einebnen zu dürfen?

Gilt das – zumindest bei vordergründiger Betrachtung – nicht sogar innerhalb der einzelnen Länder? »Wir können alles – außer Hochdeutsch«: Spricht nicht dieser wunderbare Werbespruch des Landes Baden-Württemberg für sich selbst? Trifft es nicht zu, wenn Miriam Eberhard, die Autorin des lesenswerten

Erinnerungsbuches *Die Unentwegten*, von sich berichtet, sie sei »im Ruhrgebiet zweisprachig aufgewachsen: Schwäbisch und Hochdeutsch«? Kann irgendjemand ernsthaft der Feststellung widersprechen, dass es zwischen manchen evangelisch erzogenen Norddeutschen und katholisch geprägten Bayern nicht nur sprachliche, sondern auch gewichtige traditionsgebundene Verständigungsprobleme gibt? Mehr als das: Ist es wirklich schon so lange her, als es in kleineren Städten und Dörfern noch nicht selbstverständlich war, über Land zu fahren, um bei Aldi oder Lidl einzukaufen, sondern bei sich daheim jeweils nur bei dem Bäcker oder Metzger der eigenen Religionszugehörigkeit?

Zwar mag sich ein großer Teil der jungen Menschen inzwischen unschwer in Berlin oder Stockholm ebenso zu Hause fühlen wie in Rom, Prag, Paris, London oder Istanbul. Trotzdem wäre es allzu kühn, eine solche Aufgeschlossenheit, genau wie die weltumspannende Nutzung der unzähligen Kommunikationswege im Internet, damit zu verwechseln, dass die vorgegebene kulturelle Einbettung der Beteiligten als Folge einer solchen allgemeinen Nivellierung leider mehr oder minder automatisch auf der Strecke bleiben muss. Für die Angehörigen der älteren Generationen bleibt es ohnehin wahr, dass die meisten von ihnen zwar ihren Urlaub gern in Griechenland, Spanien, der Türkei oder in Italien verbringen und sich dabei nicht nur bemühen, ein paar Worte der jeweiligen Sprache zu lernen, sondern auch Zeugnisse der geschichtlichen und kulturellen Vergangenheit zu erleben – was freilich nur selten etwas daran ändert, dass die dort lebenden Menschen als Fremde und nicht als Mitbürgerinnen und Mitbürger eines vereinten Europa wahrgenommen werden.

In Italien spielen die Kinder bis nach Mitternacht auf der Straße, in Deutschland gehört es sich, sie spätestens um acht Uhr abends ins Bett zu stecken. In Bulgarien nickt man mit dem Kopf, um »Nein« zu sagen, in Dänemark bedeutet das ein »Ja«. In Schweden trinkt man gern Bier und Schnaps, in Griechenland Wein zum Abendbrot. In Österreich freut man sich über die Besucher, die im Winter zum Skilaufen kommen, im Sommer halten einen die schönsten Alpenwiesen nicht davon ab, zum Baden nach Spanien zu fahren. In Italien finden sich die elegantesten Schuhmacher, in Schottland und Irland wird der beste Whisky destilliert.

Wesentlich größerer Anstrengungen bedarf es da, Gemeinsamkeiten zwischen den europäischen Völkern zu entdecken. Gewiss werden diejenigen, die sich ein wenig Mühe machen, manche Worte oder Ausdrucksweisen entdecken, die unseren Sprachen – mögen sie romanische oder germanische Wurzeln haben – gemeinsam sind. Wer keinen Hunger, sondern Appetit hat, verspürt das auf Italienisch, Englisch, Französisch und Deutsch ganz ähnlich – genau wie derjenige, der seiner Gesprächspartnerin einen guten Morgen oder eine gute Nacht wünschen will. Noch viel auffälliger wird das alles, denkt man an die vielen ähnlichen Vornamen, die europäische Eltern unverändert und überall ihren Kindern geben. Und genauso gleichen viele Märchen, die sie erzählen, viele Liedchen und Melodien, die sie den Nachkömmlingen vorsingen, einander bis aufs Haar.

Doch sind das nicht alles Ähnlichkeiten, die in Wirklichkeit an der Oberfläche bleiben, weit davon entfernt, eine tiefer gehende Verbundenheit zu belegen, eine Gemeinsamkeit, die mehr ist als nur eine Addition der nationalen Kulturen? In der Tat muss es ja auffallen, wenn sich selbst die gängigen Auskunftsseiten im Internet auf die Frage nach einer europäischen Kultur ausnahmslos mit der Aufzählung nationaler Eigenheiten zufriedengeben. »Gemessen an der Menschheitsgeschichte«, meint ein Autor der *Frankfurter Allgemeinen Zeitung*, sei der Nationalstaat »mit seinen zweihundert Jahren blutjung«. »Hemmungslos« schlügen sich die europäischen Völker »charakterliche Zerrbilder um die Ohren«, »manche Sätze, die da in jüngster Zeit zu lesen waren«, erinnerten »an die Jahre vor und zwischen den Weltkriegen«.

Was also verbirgt sich dahinter, wenn uns immer wieder versichert wird, es gebe eine gemeinsame europäische Kultur, die in eine gemeinsame europäische Geschichte eingebettet sei – eine Klammer, die uns, bewusst oder unbewusst, auch dann miteinander verbinden soll, wenn die oder der Einzelne im täglichen Leben keinerlei konkrete Anzeichen dafür zu erkennen vermag, vielmehr davon überzeugt bleibt, anders zu sein als die anderen?

Reicht es da aus, wenn versucht wird, sich immer wieder auf so hehre Überzeugungen wie das Christentum als unsere gemeinsame Wurzel zu berufen? Darauf, dass womöglich alle unsere indogermanischen Sprachen ursprünglich aus Anatolien stammen? Auf die prägenden Beiträge des Judentums? Auf die Spuren der islamischen Geschichtsperiode in Spanien? Auf die Französische Revolution mit ihren Idealen von Freiheit, Gleichheit und Brüderlichkeit? Auf die Durchsetzung der allgemeinen Menschenrechte und einer von obrigkeitlicher Willkür unabhängigen Rechtsstaatlichkeit? Auf die Grundsätze der Vernunft und der Aufklärung, nach denen unser politisches und gesellschaftliches Zusammenleben organisiert ist? Geht es nicht nur um Schlagworte, mit denen man uns einlullen will? Handelt es sich womöglich nur um die schöngeistige Einbildung abgehobener »Eliten«? Kann man ernsthaft damit begründen, warum wir unsere nüchternen materiellen Interessen auf dem Altar einer sogenannten »Vision« opfern sollen, die dem »Gemeinwohl« aller Bürgerinnen und Bürger dient?

Die Antwort lautet: Ja – das kann man. Diese Antwort ist freilich alles andere als selbstverständlich. Sie muss täglich neu begründet werden. Das aber ist eine wahrhafte Sisyphosaufgabe: Verdammt dazu, wie der griechische Bruder Leichtfuß den Felsblock, der ihm regelmäßig knapp unter dem Gipfel entgleitet, immer wieder neu den Hang hinaufwälzen zu müssen, wird niemand, der eine wie auch immer geartete gesellschaftspolitische Verantwortung trägt, an der Aufgabe vorbeikommen, die kulturelle Gemeinsamkeit der Europäer ständig neu in das

Bewusstsein der Bürgerinnen und Bürger zurückzurufen. Denn so unbezweifelbar es ein solches gemeinsames kulturelles Erbe Europas gibt, so wenig ist dies nun einmal der großen Mehrheit seiner Bewohnerinnen und Bewohner in ihrem täglichen Leben bewusst. Das schöne Wort von der »europäischen Identität«: es mag ja sein, dass es in der Welt der abstrakten Begriffe zu Recht seinen Platz hat – im Gefühl der einfachen Menschen wird es bestenfalls gerade noch erahnt. Wir wollen uns hier auch nicht mit dem Versuch überheben, daran etwas zu ändern. Einige wenige Hinweise dürfen wir uns dennoch zumuten.

*

Eine erste Besonderheit fällt ins Auge, wenn wir danach fragen, warum sich das allgemeine staatsbürgerliche Bewusstsein in den USA so deutlich von demjenigen in Europa, genauer: in der Europäischen Union, unterscheidet. Noch weit mehr als hier setzt sich die dortige Bevölkerung aus einer fast unübersehbaren Vielzahl gänzlich verschiedener Abstammungen und Traditionen zusammen: italienischen, spanischen, französischen, irischen, britischen, deutschen Einwanderern, indianischen Stämmen, zugewanderten Chinesen, Indern, Indonesiern, Nachfahren schwarzafrikanischer Sklaven und – neuerdings besonders zahlreich – hispanischen Zuwanderern aus Mexiko. Manche sprechen allenfalls gebrochen Englisch, viele haben nicht genug zum Leben, wohnen in erbärmlichen Unterkünften, können ihren Kindern keine vernünftige Ausbildung bieten. Wenn die Nationalhymne erklingt, legen sie trotzdem alle die rechte Hand auf ihr Herz und versuchen, den Text mitzusingen, fühlen sich stolz auf ihr gemeinsames Land: »The land of the free and the home of the brave«.

Die Erklärung für diese bemerkenswerte Eigenheit liegt natürlich auf der Hand, wenn wir einen Blick auf die Geschichte werfen. Sie unterscheidet sich insofern grundlegend von der

Geschichte Europas, als die Entstehung der Vereinigten Staaten von Amerika noch nicht einmal 250 Jahre zurückliegt. Die heutigen europäischen Völker hingegen blicken auf eine Vergangenheit zurück, die seit mindestens drei Jahrtausenden andauert. Abgesehen von der brutalen Unterdrückung und Beraubung der Indianer und dem schrecklichen Bürgerkrieg, der die Nord- und Südstaaten um die Mitte des 19. Jahrhunderts so bitter entzweite, waren die Volksgruppen der USA nie untereinander in kriegerische Auseinandersetzungen verstrickt. Vielmehr durften sie sich von Anbeginn an als Angehörige einer Nation fühlen, die alle Freiräume für eine grenzenlose geografische Ausdehnung, für die Mehrung ihres Wohlstandes und für ein freiheitlich gestaltetes Leben vorfanden. Die USA als »God's Own Country«: Das war eine durchaus naheliegende Überzeugung, die sie miteinander einte.

Wie anders ist es den Europäern ergangen! Sie haben sich eben nicht vom ersten Tag ihrer Geschichte an als eine Gemeinschaft, geschweige denn als einheitliche Nation erlebt. Für ihre einzelnen Völkerschaften gab es keine gemeinsame Erfahrung, die ihnen das Gefühl vermittelte, zueinander zu gehören. Im Gegenteil: Kriege, Eroberungen, Völkerwanderungen, Raubzüge prägten über Jahrhunderte hinweg ihr Erleben.

Bevor das Christentum seinen Siegeszug antrat, gab es nur eine einzige Verbindung, die auf alle ausstrahlte. Zudem war selbst diese Gemeinsamkeit, im Unterschied zu den ganz und gar realen, weil auf Freiheit und materiellen Wohlstand ausgerichteten Beweggründen in den USA, vornehmlich geistiger, also abstrakter Natur: die griechische und die römische Kultur. Und auch diese – ja eher schwache – Klammer änderte nichts daran, dass die europäischen Völkerschaften auf ihre unterschiedlichen, ja gegenläufigen Interessen und Ziele ausgerichtet blieben. Bei nüchterner Betrachtung wäre es daher eine schiere Illusion, anzunehmen, die Europäer hätten sich irgendwann einmal ernstlich als durch gemeinsame Wurzeln miteinander verbunden gefühlt. Das gilt selbst für die Ära nach der Zeitenwende, als sich, begründet durch den Kaiser Augustus, das große Römische Reich herausbildete, das »Imperium Romanum«.

Nach dem damaligen Verständnis umfasste es zwar den »ganzen Erdkreis«, »orbis terrarum«, und gründete sich durchaus bewusst auf die Jahrhunderte zuvor in Athen geborene philosophische Idee eines allumfassenden Weltbürgertums. Doch selbst dieser kärgliche Nährboden für ein vereintes Europa ist über lange Wegstrecken hinweg nahe daran gewesen, hoffnungslos auszutrocknen. Inzwischen wissen wir, dass er dringend einer sorgfältigen Pflege bedarf, dass er gewässert, gedüngt, weiterentwickelt, womöglich sogar neu belebt werden muss. Einfache Rezepte dafür gibt es nicht. Schon gar nicht geht es um die Errichtung eines zentral regierten Imperiums.

Unverzichtbar bleibt, dass es sich auf alle vorhersehbare Zukunft um eine Gemeinschaft gleichberechtigter Nationen handeln muss, die sich aus freiem Willen entschließen, Teile ihres Rechts auf Selbstbestimmung in ein gemeinschaftliches Staatswesen einzubringen. Das allerdings ist und bleibt in der Tat der gleiche, in griechischer und römischer Zeit angelegte Nährboden, auf dem – trotz aller teilweise abscheulichen Verirrungen – die unermesslich fruchtbaren Beiträge des Christentums zur menschlichen Zivilisation gediehen sind, auf dem die Weisheit und die Toleranz des Judentums ihre unverwechselbaren Wurzeln geschlagen haben, auf dem die Klugheit und die Gelehrsamkeit des Islam ihre Handschrift in die Entstehungsgeschichte der modernen Zeit einprägen konnten.

Entstanden ist daraus eine gemeinsame Identität Europas, die bis heute unverwechselbar geblieben ist. »Identität«: Der Begriff leitet sich von dem lateinischen »idem« her, zu Deutsch: »derselbe«. Gewiss wird – wie gesagt – selbst der süßeste Traum niemandem vorgaukeln können, dass die Bürgerinnen und Bürger der europäischen Völker, zumindest in einem oberflächlich verstandenen Sinne, einander gleich seien. Niemand wird auch leugnen können, dass die Geschichte ihrer gegenseitigen Beziehungen durch eine breite Spur von Konflikten und Blut gezeichnet ist. Trotz alledem gibt es aber eben eine Erfahrung und eine Tradition, die den Europäern als bleibende Lehre aus ihrer Geschichte zugewachsen ist: die Achtung vor dem menschlichen Individuum – verbunden mit der tiefen Überzeugung, dass jeder einzelne Mensch, ob er will oder nicht, in eine Gemeinschaft eingebunden ist, die auf grundlegenden ethischen Wertvorstellungen beruht.

Natürlich setzt der nüchterne Blick auf die Realitäten des täglichen Lebens auch hinter eine solche Feststellung sofort ein skeptisches Fragezeichen. Die Annahme, dass sich die Bürgerinnen und Bürger der heutigen europäischen Völker in ihrer großen Mehrheit bei ihren politischen Entscheidungen, geschweige denn im täglichen Leben, einer solchen – doch vor allem geistigen – Gemeinsamkeit bewusst sind, ist nicht mehr als eine schöne Illusion. Bedeutende Autoren haben sich darüber ausführlich Gedanken gemacht. Die meisten von ihnen raten zur Zurückhaltung. Auch ich werde darauf zurückkommen. Denn machen wir uns nichts vor: Wir Europäer sind nun einmal untereinander tatsächlich keineswegs gleich, sondern durchaus verschieden – und wir sollten uns gegen alle Versuche wehren, das sozusagen von oben herab ändern zu wollen. Dennoch behaupte ich, dass es sehr wohl eine europäische Identität gibt, die uns gemeinsam ist. Mehr als das: Dahinter verbirgt sich die Erklärung für die weltweit einzigartige Erfolgsgeschichte Europas – und wenn wir es nur wollen, wird uns genau diese Identität befähigen, unsere Erfolgsgeschichte auch in der neuen Epoche fortzusetzen, die unter dem Stichwort »Globalisierung« unwiderruflich angebrochen ist.

Um dies zu begreifen, wird es freilich nicht ausreichen, den politischen, wirtschaftlichen oder akademischen »Eliten« oder gar dem Autor dieses Buches die Feststellung zu überlassen, dass es eine solche europäische Identität gibt und was im Einzelnen darunter zu verstehen ist. Spätestens die dramatischen Entwicklungen, die wir im Zusammenhang mit der europäischen (in Wirklichkeit weltweiten) Finanz- und Wirtschaftskrise miterleben mussten, haben zudem erschreckend deutlich gemacht, dass es zwar zumeist nicht am fachlichen Sachverstand oder am nachgerade rühmlichen Bemühen der beteiligten Akteure mangelt, wohl hingegen daran, der Frau und dem Mann auf der Straße, also uns allen, bewusst zu machen, dass es keineswegs nur um finanztechnische Details oder die Abstrafung von Verschwendern, sondern in Wirklichkeit um unser gemeinsames Schicksal geht. Auf dem Spiel stand und steht weit mehr als nur die Abwehr einer – zumindest im übertragenen Sinn – tödlichen Gefahr. Es geht darum, dass wir eine einzigartige Chance haben, unseren Weg in die Zukunft erfolgreich zu gestalten. Wir können diese Chance wahrnehmen, wir können sie aber auch verpassen. Die Wahl, vor der wir stehen, lautet: gemeinsamer Erfolg als Europäer – oder eigensüchtiger Untergang als Nationalstaaten. Das allerdings können wir alle verstehen, wenn wir es nur wollen.

*

Bis zum heutigen Tag hat dieses Europa eine historisch so einzigartige Entwicklung zu verzeichnen, weil sich die unterschiedlichen Kulturen seiner Völker ständig auf engem Raum begegnet sind. Daraus, dass wir oft genug kurz davorstanden, uns gegenseitig zu zerfleischen, haben wir gelernt, was es für die Einzelnen bedeutet, schreckliches Leid zu erleben. Wir haben erfahren, dass man spürt wie die anderen, auch wenn wir eine andere Sprache sprechen. Wir singen die gleichen Melodien, auch wenn der Text der Volkslieder uns etwas anderes erzählt. Wir haben Fremde als Gäste bei uns aufgenommen und mit ihnen geteilt. Und zu alledem kommen die Erlebnisse einer Hochkultur, an denen sich zwar nicht jede und jeder von uns erfreut haben, von denen wir aber doch gewiss sein können, dass sie zumindest unbewusst auf uns alle ausstrahlen.

Bei den einschlägigen Diskursen mancher intellektueller

Eliten scheint es freilich inzwischen Mode geworden zu sein, derartige Hinweise milde zu belächeln. Mit dem Anstrich von überlegenem Wissen wird dann dargelegt, dass es sich doch nur um die oberflächlichen Begleiterscheinungen jugendlicher Reiselust oder des üblichen Massentourismus handele, denen jeglicher Tiefgang abgehe. Dabei wird übersehen, dass aus den Begegnungen unterschiedlichster Art eine gegenseitige Befruchtung erwachsen ist, die sich im Verlauf der Geschichte immer weiter entwickelt hat. Diese unverwechselbare europäische Kreativität ist es, die es den Europäern ermöglicht hat, sich trotz ihrer geografisch vorgegebenen Beschränkungen nicht nur erfolgreich zu behaupten, sondern beispielgebend die weltweite Entwicklung der Menschheit zu prägen. Die Kraft, die darin zum Ausdruck kommt, ist nicht erloschen – sie ist und bleibt eine verlässlich sprudelnde Quelle unserer Zukunftschancen. Und sie findet ihren Ausdruck nicht nur im Reiseverhalten, sondern auf allen kulturellen Ebenen, angefangen vom Schüler- und Studentenaustausch, durch Auslandspraktika und allgemeine Mobilität auf dem Arbeitsmarkt, eine internationale Popkultur und einen internationalen Kunst- und Klassikbetrieb. Freunde und Verwandte in anderen Ländern zu haben ist anregende Normalität. Gehören die Akropolis, der Prado, der Louvre und die Rialto-Brücke nicht irgendwie uns allen? Norbert Lammert, der Präsident des Bundestags, hat im Oktober 2011 gesagt, die »Europäisierung (werde) ohne Regionalisierung weder Chance noch Zukunft« haben, »genauso wenig wie der umgekehrte Weg«. Man könnte das auch einfach in der uralten Erfahrung zusammenfassen, dass das Ganze mehr sein kann als die Summe seiner Teile – unter der Voraussetzung, dass die einzelnen Teile ihre jeweiligen Vor- und Nachteile fruchtbar zusammenwirken lassen, also regelmäßig dann Synergien entstehen können, wenn unterschiedliche Traditionen, Denkweisen und Verhaltensarten unter einer gemeinsamen Zielsetzung aufeinandertreffen.

Wir haben schon gelesen, was Joseph Roth über das Empfinden der Menschen berichtet, die in der Zeit vor dem Ersten Weltkrieg in seiner österreichisch-ungarischen Heimat gelebt haben. Gewiss ist diese Welt längst vergessen. Es handelte sich um ein Reich, dessen Teile keineswegs immer aus freiem Willen zusammengefunden hatten und das – auf der Grundlage einer straffen Verwaltung – notfalls auch gewaltsam zusammengehalten wurde. Beides sind Ansätze, die für das Projekt einer Vereinigung Europas ganz und gar untauglich wären. Trotzdem könnte es sich lohnen, noch einen weiteren kurzen Blick darauf zu werfen. Denn tatsächlich war es bis zur Entdeckung der Nationalstaaten im 19. Jahrhundert vollkommen normal, dass man sich zwar von Geburt her durch alle möglichen Verschiedenheiten (zuvörderst die Sprache, mit der man aufwuchs) voneinander unterschied – dass aber kaum jemand nur deswegen auf die Idee verfiel, seine Zugehörigkeit zu einem übergeordneten Staatswesen infrage zu stellen. Das galt nicht nur für Frankreich oder England, es galt auch für das Habsburgische oder das Osmanische Reich, unter dessen riesigem Dach eine Unzahl von Völkern ebenso problemlos und tolerant zusammenlebten wie Muslime, Christen und Juden. Gewiss bleibt es wahr, dass beide Strukturen im Verlauf der Geschichte schließlich ermüdet und zum Schluss erschlafft in sich zusammengefallen sind. Doch dass sie über lange Wegstrecken hinweg gerade aus dieser Vielfalt heraus und mit deren Hilfe einzigartige Beispiele von kreativer Kraft hervorgebracht haben, ist gleichfalls unbestreitbar. Könnte es sich nicht lohnen, sich daran zu erinnern, wenn wir über die Chancen eines vereinten Europa nachdenken?

Die Europäer können nämlich wahrhaft (und mit Stolz!) auf etwas zurückblicken, was in keiner anderen Region dieser Erde – jedenfalls nicht mit vergleichbarem Erfolg – gelungen ist. Es ist die Erkenntnis und die daraus entwickelte grundlegende Überzeugung, dass es ein einziges Rezept gibt, das allein das friedliche und ungestörte Zusammenleben von Menschen und Völkern unterschiedlichen Herkommens und unterschiedlicher Natur auf die Dauer sichern kann. Dieses Bewusstsein ist eine Errungenschaft, die als solche nur vor dem Hintergrund der europäischen Geistesgeschichte erklärlich und verständlich ist. Sie drückt sich aus in der auf Immanuel Kant zurückgehenden Überzeugung, dass der Umgang der Menschen miteinander von aufgeklärter Vernunft geleitet sein muss, in dem Siegeszug der Ideale der Freiheit, der Gleichheit und der Brüderlichkeit seit der Französischen Revolution durch ganz Europa, in der unantastbaren Sicherung der allgemeinen Menschenrechte und der Rechtsstaatlichkeit – und nicht zuletzt in der festen Überzeugung, dass das gemeine Wohl im Zweifel stets Vorrang vor den selbstsüchtigen Interessen der einzelnen haben muss.

Sofort steht mir allerdings der gleiche Einwand vor Augen, der uns schon mehrfach beschäftigt hat. Er lautet, dass es für die einfachen Wählerinnen und Wähler, die heute über die aktuell anstehenden Probleme durch ihre Stimmabgabe zu entscheiden haben, alles andere als ein Selbstläufer ist, sich dieser herausragenden Leistung der europäischen Geschichte bewusst zu sein. Ganz besonders gilt das dann, wenn sie ihre Stimme dafür hergeben sollen, dass ihre eigenen materiellen Vorteile im Interesse der europäischen Vereinigung hintangestellt werden. Rattenfänger aller Art haben da regelmäßig leichtes Spiel. Jeder Stammtisch der CSU ist sich – wie wir handfest genug erfahren mussten – schon bei der ersten Lage Bier oder Wein darin einig, wie unverantwortlich es wäre, sich durch die chronischen Betrüger- und Faulenzerstaaten in die Falle locken zu lassen, indem man auch nur den kleinen Finger für die Errichtung einer »Transferunion« und damit für die Vergeudung unseres mühsam erarbeiteten Wohlstandes durch die Vergeudervölker hergibt. Was zählt da schon der Hinweis auf gemeinsame geschichtliche Errungenschaften und irgendwelche abstrakten Wertvorstellungen abgehobener Besserwisser?

In der Tat: Das Projekt der fortschreitenden Vereinigung Europas, mag es für die Zukunftssicherung unserer Kinder und Kindeskinder noch so lebensnotwenig sein, wird endgültig scheitern, wenn wir uns als Rettungsanker allein nur darauf verlassen, dass es eine wie auch immer geartete Identität der Europäerinnen und Europäer gibt (worauf noch einzugehen sein wird). Bei allem Respekt, bei aller Hochachtung vor denjenigen, die sich – mit teilweise unvorstellbar hohem Einsatz – darum bemühen, wenigstens Schritt um Schritt weiter voranzukommen: Es bleibt eine kardinale politische Führungsaufgabe, die Frau und den Mann auf der Straße von der Kraft zu überzeugen, die von einer weiter wachsenden Gemeinsamkeit Europas ausgehen kann – mit anderen Worten: die fortschreitende Vereinigung Europas unwiderleglich zu »legitimieren«.

*

Schauen wir auf den heutigen Zustand Europas, müsste es wohl als ein misslungener Witz erscheinen, wollte jemand ernsthaft behaupten, dass es in jüngster Zukunft auch nur ansatzweise gelungen sei, die Erreichung dieses Ziels in einigermaßen greifbare Nähe zu rücken. Wer – wie ich – darauf beharrt, dass es trotzdem keinen anderen Weg in die Zukunft gibt, wird also gut beraten sein, sich etwas genauer zu vergegenwärtigen, warum wir nach einem so entschlossenen, durch Jean Monnet verkörperten Aufbruch und nach so vielen Jahrzehnten des gemeinsamen Bemühens vieler bedeutender Europäer so drohend Gefahr laufen, vor einem Scheiterhaufen zu stehen. Dabei zeigt die Entwicklung der deutsch-französischen Zusammenarbeit auf, wie stark das Projekt eines vereinten Europa von einzelnen herausragenden Persönlichkeiten abhängt – und ganz besonders von ihrer Fähigkeit, die einzelnen Menschen auf diesem Weg »mitzunehmen«, sie davon zu überzeugen, dass es um ihre eigene Zukunft und ihr eigenes Wohl geht, anstatt im stillen Kämmerlein der hohen Politik Lösungen zu finden, die dem Wahlvolk anschließend als »alternativlos« hingestellt und verkauft werden.

Mit vier sich klar voneinander unterscheidenden Perioden haben wir es in diesem Zusammenhang zu tun: mit der Zeit, in der Konrad Adenauer als deutscher Bundeskanzler mit Charles de Gaulle als dem französischen Präsidenten zusammengearbeitet hat, sodann mit der gemeinsamen Zeit von Präsident Valery Giscard d'Estaing und Bundeskanzler Helmut Schmidt, darauf folgend mit dem Zusammenwirken zwischen Bundeskanzler Helmut Kohl und Präsident François Mitterrand und schließlich mit dem Schulterschluss zwischen Angela Merkel und Nicolas Sarkozy.

Konrad Adenauer hatte den Aufbau einer unauflöslichen gegenseitigen Bindung mit Frankreich von Anfang an als zentralen Kern seines politischen Wirkens verstanden. Dem stand nicht entgegen, dass er – nicht zuletzt auf der Grundlage seines besonders engen Vertrauensverhältnisses zu dem langjährigen amerikanischen Außenminister John Foster Dulles – gleichzeitig auf die Einordnung Deutschlands in die Allianz westlicher Staaten als Schutzmacht gegen die Sowjetunion setzte, waren diese doch unverzichtbar auf die militärische Stärke der USA angewiesen. Trotz der sich daraus ergebenden Bündnisverpflichtungen war es jedoch die europapolitische Zielsetzung, deren Rang aus der Sicht des ersten deutschen Bundeskanzlers durch nichts übertroffen werden konnte. Nach den ersten erfolgreichen Ansätzen auf dem Weg zu einem vereinten Europa, von denen bereits die Rede war, fand diese Strategie ihren wichtigsten Niederschlag in dem sogenannten Élysée-Vertrag. Er wurde Anfang 1963 durch Adenauer und de Gaulle unterzeichnet und bildet bis heute den Grundstein für die Zusammenarbeit zwischen beiden Ländern. Sie hat sich seitdem als Triebfeder für das kontinuierliche weitere Zusammenwachsen zur Europäischen Union bewährt – während der letzten Jahre mit der Bundeskanzlerin Merkel und dem Präsidenten Sarkozy freilich in Erscheinungsformen, die von manchen anderen Mitgliedsländern eher schon als unziemliche Auswüchse empfunden wurden.

Gerade im Zusammenhang mit den augenblicklichen Schwierigkeiten neigen wir allerdings manchmal dazu, die nicht gerade einfachen Probleme zu vergessen, die es auch früher schon gegeben hat.

De Gaulle wie Adenauer waren in ihrer grundlegenden politischen Mentalität noch Kinder des 19. Jahrhunderts. Im Zweifel gebührte für sie dem eigenen nationalen Interesse Vorrang vor jedweder anderen Überlegung. Wenn der französische Präsident von der europäischen Einheit und der Bedeutung der deutsch-französischen Verbundenheit sprach, ging er selbstverständlich davon aus, dass Frankreich die Rolle einer Führungsmacht zukomme. »La France« – bis zu seinem endgültigen politischen Abtreten im Jahr 1969 blieb das der Maßstab, dem sich alles andere unterzuordnen hatte. Ganz in diesem Sinne sollte eine vertiefte Bindung zwischen seinem Land und dem großen östlichen Nachbarn aus seiner Sicht dazu beitragen, die befürchtete Übermacht amerikanischer Interessen und Einflussmöglichkeiten einzudämmen. Konrad Adenauer waren vermutlich solche nationalegoistischen Gesichtspunkte alles andere als fremd, er neigte jedoch vermutlich aus geschichtlicher Einsicht dazu, den Führungsanspruch Frankreichs in Europa als unvermeidlich hinzunehmen.

Gleichzeitig hatte er allerdings in seiner eigenen Partei und in seiner Regierung mit einer Reihe von Persönlichkeiten zu tun, die sich als »Atlantiker« verstanden. Angeführt von Ludwig Erhard – der sich ohnehin berufen fühlte, Adenauer möglichst bald als Bundeskanzler nachzufolgen, jedoch von diesem für ungeeignet gehalten wurde sahen sie in einer allzu engen Bindung an Frankreich die latente Gefahr einer Entfremdung von den USA. Für den legendären Wirtschaftsminister mag übrigens seine Zuneigung zu den traditionellen marktwirtschaftlichen Überzeugungen der amerikanischen Eliten, die im massiven Gegensatz zur eingefleischten französischen Tradition der übergeordneten Steuerung des wirtschaftlichen Geschehens durch staatliche Instanzen standen, noch deutlich stärker ins Gewicht gefallen sein als die Berücksichtigung irgendwelcher allgemeinpolitischen Erwägungen (die ihm ohnehin eher fremd gewesen sein dürften).

So gab es im Anschluss an die feierliche Unterzeichnung des Élysée-Vertrages auch bald eine deutliche Verstimmung zwischen den beiden Regierungen, weil der Bundestag seinem Ratifizierungsbeschluss eine einseitige Präambel hinzufügte. Sie unterstrich, dass die angestrebte deutsch-französische Zusammenarbeit keinesfalls im Widerspruch zu der unverändert engen Bindung der Bundesrepublik an die USA stehe – und darüber hinaus, dass die Bundesrepublik einen baldigen Beitritt Großbritanniens zur EWG anstrebe. Für den französischen Präsidenten war dies in der Tat ein Ärgernis, zumal nach seiner Vorstellung die Bundesrepublik zwar ein »wirtschaftlicher Riese«, politisch jedoch nur »ein Zwerg« war, der womöglich noch nicht so recht begriffen hatte, dass es sich bei der künftigen europäischen Zusammenarbeit nur um ein »Europa der Vaterländer« unter französischer Führung handeln könne.

Doch solche Erwägungen und ihre Folgen spielten sich weitgehend im Verborgenen der diplomatischen oder persönlichen Kontakte ab. Die breite Öffentlichkeit erreichten sie allenfalls in wenig beachteten Zeitungskommentaren. Jean Monnet, der auf seine Weise ebenso leise wie beständig an der fortschreitenden Festigung einer wirklich gleichberechtigten europäischen Zusammenarbeit gearbeitet hatte, wären sie ohnehin fremd gewesen. Zudem verstand es Charles de Gaulle – weit besser noch als Konrad Adenauer – meisterhaft, die allgemeine Begeisterung der ersten Nachkriegszeit für seine Zwecke zu nutzen. Als Vorbereitung auf den feierlichen Vertragsabschluss entfachte er auf beiden Seiten des Rheins eine wahrhafte Kampagne in der französischen wie der deutschen Öffentlichkeit. Ihren Höhepunkt erreichte sie während einer Reise, die den Präsidenten Ende 1962 durch die Bundesrepublik führte und in einer Ansprache »an die deutsche Jugend« in Ludwigsburg gipfelte, bei der er unter unbeschreiblichem Begeisterungstaumel ausrief: »Ich beglückwünsche Sie ..., junge Deutsche zu sein, das heißt Kinder eines großen Volkes – jawohl, eines großen Volkes«. Versucht man heutzutage, diese ein halbes Jahrhundert zurückliegende Phase der europäischen Entwicklung lebendig werden zu lassen, muss es in der Tat erstaunen, wie es geschehen konnte, dass die anfänglich so breite politische Übereinstimmung zwischen dem Wahlvolk und den Regierenden inzwischen zu einer allgemeinen Skepsis, um nicht zu sagen: zu einem verbreiteten Widerwillen gegenüber allen Entwicklungen verkommen ist, die unter dem Stichwort »Europa« das Tagesgeschehen beherrschen. Erklärlich wird das erst, wenn man sich vor Augen hält, dass es sich von Anfang an bei der europäischen Vereinigung um ein Projekt von wahrhaft geschichtlicher Dimension handelte – und das in einem durchaus doppelten Sinn: Einerseits ging und geht es darum, Interessengegensätze zwischen den Völkern, die sich im Verlauf einer langen Wegstrecke aufgebaut haben, Schritt um Schritt anzugleichen, und zum anderen um die Erfahrung, dass das Gelingen eines solchen Vorhabens unweigerlich von Geschehnissen abhängt, die außerhalb der eigenen Entscheidungsspielräume liegen.

Auf die Ära der großen Staatsmänner der ersten Nachkriegsperiode folgte eine Ära der europäischen Entwicklung, die vielleicht am ehesten mit dem Namen Willy Brandt zu umschreiben ist. Als große politische Vision, um die zwischen den Parteien gerungen wurde und für die sich große Teile der deutschen Wählerinnen und Wähler begeisterten, stand nicht mehr die Vereinigung Europas im Vordergrund, sondern die angestrebte Beendigung der als so gefährlich empfundenen Spannungen zwischen den freiheitlich-demokratischen Staaten und der Sowjetunion mit ihren Vasallen. Der Blick wendete sich damit von Westen nach Osten. Das weitere Fortschreiten der europäischen Einheit blieb von Tag zu Tag mehr den Vertretern spezifischer Eigeninteressen und den sich in Brüssel ausbreitenden Bürokraten überlassen. Zumindest musste das für den unkundigen Beobachter des Geschehens so scheinen, wenn sie oder er zum Zeugen des alljährlichen Feilschens in den Entscheidungsgremien der EWG um die Aufteilung der landwirtschaftlichen Subventionen wurde oder später miterleben musste, wie erfolgreich sich die Behörden um den Erlass von Richtlinien für den zulässigen Krümmungsgrad von Gurken bemühten. Europa, das war bald keine Idee und Vision mehr – es war herabgesunken zum Tummelplatz der Lobbyisten für kümmerliche nationale Wirtschaftsinteressen.

Hinzu kam das allgemeine Aufbegehren großer Teile der jungen Generation gegen die aus ihrer Sicht verknöcherten politischen und gesellschaftlichen Traditionen. Im Nachhinein wird dieser Aufruhr ebenso gern wie verallgemeinernd mit dem Etikett der »68er« belegt. Dabei schlug er sich in den unterschiedlichsten Erscheinungsformen nieder, je nachdem, ob er sich an amerikanischen Universitäten, auf den Straßen von Paris oder in den massiven Protesten gegen die Notstandsgesetzgebung der kurzzeitigen deutschen Regierungskoalition von CDU und SPD unter der Kanzlerschaft von Kurt Georg Kiesinger abspielte. Gemeinsam waren freilich allen diesen Erscheinungsformen die Abkehr von vergangenen Idealen und die Hinwendung zu (vermeintlichen oder wirklichen) neuen Horizonten. Nicht zuletzt als Folge des als »Prager Frühling« in die Geschichtsschreibung eingegangenen Aufstands der tschechoslowakischen Bevölkerung gegen die kommunistische Diktatur und seine sowjetische Unterdrückung im Jahr 1968 zählte dazu die Hoffnung auf ein Ende des sogenannten »Kalten Kriegs«, symbolisiert durch den unvergesslichen Kniefall Willy Brandts vor dem Ehrenmal der Helden des Ghettos im Dezember 1970 in Warschau, der in Demut an die Verbrechen der Nazizeit erinnerte und genau damit zugleich eine gemeinsame Zukunft in Frieden und Freiheit anmahnte.

Die Vereinigung Europas hingegen: sie war längst kein Thema mehr, das Zukunftsträume auslösen oder Menschen begeistern konnte – sondern weitgehend nur noch ein Sinnbild für bürokratische Lethargie, das Kennzeichen für gescheiterte Ideale. Das hatte, wie gesagt, gute Gründe. Weit mehr noch als die reale Entwicklung beim Zusammenwirken der Länder in der EWG spielte entscheidend noch etwas anderes mit: der Mangel an Persönlichkeiten, die fähig gewesen wären, den Impetus der ersten Nachkriegszeit mit neuem Leben zu erfüllen. Deutschland erlebte mit Ludwig Erhard und Kurt Georg Kiesinger zwei blass gebliebene Kanzler, in Frankreich regierte mit Georges Pompidou ein Präsident, der große Gesten mit kleinkarierter Interessenwahrnehmung verband, Italien übte sich im bald zur täglichen Routine geratenen Verschleiß immer neuer Regierungschefs, und aus Großbritannien waren – mit der zeitweisen Ausnahme des konservativen Premierministers Edward Heath – keine positiven Anstöße zu erwarten.

V.

DIE STUNDE DER PRAGMATIKER

Ein Glücksfall der Geschichte?

Europa: Für die einfachen Menschen schien es fortan identisch mit dem als ebenso fern wie anonym empfundenen Brüssel (und vielleicht noch mit den Parlamentariern in Straßburg, die dort ein schönes Leben genossen). Als dann am Anfang der 70er Jahre mit der ersten Erdölkrise die traditionelle westliche Welt auch noch von einer ernsten wirtschaftlichen Depression und deren Folgen erfasst wurde, krähte kein Hahn mehr nach den Ideen von Jean Monnet. Das sollte sich erst wieder ändern, als 1974 in Frankreich Valéry Giscard d'Estaing zum Präsidenten gewählt wurde und damit eine neue Phase intensiver und enger deutsch-französischer Zusammenarbeit begann, auf deutscher Seite mit Helmut Schmidt als Bundeskanzler. Beide waren sich von Anfang an darin einig, dass es dringend an der Zeit sei, das lebenswichtige Projekt der Vereinigung Europas wieder mit Leben zu erfüllen, ja, es wieder im Herzen der Bürgerinnen und Bürger zu verankern.

Im Ergebnis ist es ihnen zwar gelungen, eine große Zahl der politisch, wirtschaftlich oder gesellschaftlich Verantwortlichen zu überzeugen. Doch ein breiter Durchbruch in der allgemeinen Öffentlichkeit – und nicht zuletzt den Medien – war ihrem erneuten Ansatz nicht beschieden. Das wiederum mag damit zusammenhängen, dass beiden Staatsmännern – Schmidt wie Giscard – jedenfalls damals noch etwas fehlte, das man gemeinhin als charismatische Ausstrahlung zu bezeichnen pflegt. Gewiss schwelgte der Präsident gern und ausgiebig in dem äußeren Pomp, der traditionell in der französischen Öffentlichkeit mit seinem Amt verbunden ist. Seinem ganzen Wesen nach blieb er dennoch ein nüchterner Pragmatiker. Genau das aber verband ihn mit dem deutschen Bundeskanzler: Beide hatten sich schon zuvor als nüchterne Finanzminister ihrer jeweiligen Regierungen kennen- und schätzen gelernt. Was Helmut Schmidt angeht, mag im Übrigen eine solche Charakterisierung aus heutiger Sicht schwer verständlich scheinen. Inzwischen wird er allenthalben als lapidarer, abgeklärter, selbstloser und weiser Schiedsrichter in jeglichen weltpolitischen Kontroversen nahezu verehrt. Zur damaligen Zeit hingegen waren beide Staatsmänner durchaus stolz darauf, unbeirrbar mit beiden Füßen auf dem Boden der Realität zu bleiben. In diesem Sinne pflegte sich Helmut Schmidt gar – gewiss nicht ohne Koketterie – als »leitenden Angestellten« der Bundesrepublik zu bezeichnen, um gelegentlich die fast schon arrogant klingende Bemerkung hinzuzufügen, dass es wohl zu den Aufgaben eines Bundeskanzlers gehöre, Lösungen für konkret anstehende Fragen zu finden und durchzusetzen, nicht aber, sich um die Durchsetzung übergeordneter Wertvorstellungen oder gar um Sinnstiftung für die ganze Nation zu kümmern.

Das alles ändert nichts daran, dass das Zusammenwirken zwischen Giscard und Schmidt zu den Glücksfällen der neueren Geschichte zählt. Ihr Verdienst ist es, das europäische Projekt zu neuem – und nach meiner Überzeugung trotz aller Gefährdungen nicht mehr umkehrbarem – Schwung verholfen zu haben. Gemeint ist das Konzept einer Währungsunion. Seine Entstehungsgeschichte verdient schon deswegen eine etwas nähere Rückbesinnung, weil die Folgen bis tief in die heutigen Krisen und die damit verbundenen Auseinandersetzungen ausstrahlen.

Auslöser war ein Ereignis, das die Währungsstruktur der westlichen Welt von Grund auf ins Wanken brachte. Seit der 1944 in der amerikanischen Ortschaft Bretton Woods stattgefundenen

Konferenz – bei der auch der Internationale Währungsfonds und die Weltbank ins Leben gerufen wurden – waren die wirtschaftlichen Beziehungen der beteiligten Länder geprägt durch ein als unantastbar geltendes System fester Wechselkurse. Es schrieb das jeweilige Wertverhältnis einer nationalen Währung zum amerikanischen Dollar als gemeinsamer Leitwährung fest. Für die Leitwährung selbst galt der »Goldstandard«: Nach Belieben war es jedem Staat freigestellt, seine Dollarbestände jederzeit in eine bestimmte Menge von Gold umzutauschen. Verlor eine der anderen Währungen – ausgelöst durch eine schlechte wirtschaftliche Entwicklung oder durch eine Inflation in dem betreffenden Land – an innerem Wert, blieb folglich für die betroffene Regierung nur der Ausweg, ihre Währung im Verhältnis zum Dollar (wie auch gegenüber anderen stabil gebliebenen Währungen) abzuwerten.

Bis zum Anfang der 70er Jahre hatte jedoch die verschwenderische Ausgabenpolitik mehrerer amerikanischer Regierungen die wirtschaftliche Entwicklung des Landes an den Rand der Katastrophe gebracht. Besonders galt das für die Exportfähigkeit der wichtigsten Unternehmen. Um dem abzuhelfen, hätte der Dollar gegenüber anderen stabilen Währungen – nicht zuletzt der Deutschen Mark – massiv abgewertet werden müssen. Zugleich reichten die im Fort Knox gelagerten Goldbestände bei weitem nicht mehr aus, um der Verpflichtung der Notenbank zum Umtausch von Dollars in Gold nachkommen zu können. Dem damaligen Präsidenten Richard Nixon und seiner Regierung blieb daher nichts anderes übrig, als einseitig den Goldstandard und 1973 schließlich auch die Bindung des Dollar an feste Wechselkurse aufzukündigen.

Der Umgang mit dem nun einsetzenden System flexibler, oftmals täglich wechselnder Wechselkurse bedeutete für alle exportierenden Unternehmen außerhalb der USA eine grundlegend neue, völlig ungewohnte Situation. Stellte man seine Rechnungen in einer anderen als der eigenen Währung – insbesondere in Dollar – aus, musste man damit rechnen, dass sich der für die Kalkulation zugrunde gelegte Wechselkurs bis zum Zahlungseingang ändern konnte. Mit anderen Worten: Ein entsprechender Verlust war zu erwarten, wenn die in der eigenen Währung angefallenen Herstellungskosten als Folge von Währungsschwankungen nicht mehr gedeckt waren. Verstärkt wurde die Gefahr noch dadurch, dass um die gleiche Zeit die Öl erzeugenden Länder ihre Marktmacht entdeckt und zur teils drastischen Erhöhung der Ölpreise genutzt hatten. Die sich daraufhin wie eine Seuche ausbreitende Wirtschaftskrise zog in den meisten westlichen Ländern eine kräftige (wenn auch unterschiedlich hohe) Geldentwertung nach sich. Als Rezept gegen die zwangsläufig damit verbundene, für viele Unternehmen lebensgefährliche Unsicherheit entwickelten daraufhin die Banken eine Art von Versicherung, die sogenannten Währungs-Swaps (Ähnliches galt für die Absicherung gegen Zinsschwankungen bei aufgenommenen Krediten).

Im Rückblick gesehen war dies die Geburtsstunde eines gänzlich neuen Geschäftszweigs im Bankgewerbe: des sogenannten Investment-Bankings. Zwar kannte man diese Bezeichnung auch schon vorher. Ursprünglich ging es vor allem um den Verkauf und die spätere Verwaltung größerer Anleihen von Staaten und Unternehmen, die Platzierung von Aktien an Börsen oder die gestaltende Mitwirkung bei Transaktionen, wie etwa Fusionen oder Übernahmen. Jetzt hingegen kamen Geschäftsmöglichkeiten mit einer Art von Wertpapieren hinzu, die es in der Geschichte des Bankwesens noch nie gegeben hatte. In Windeseile sollte sich daraus ein Tätigkeitsbereich entwickeln, dessen explodierende Ausweitung 2008 ganz wesentlich zum Ausbruch der weltweiten Finanzkrise – und im Anschluss daran der sogenannten »Eurokrise« – beigetragen hat.

Schon seit längerem war es zum Beispiel üblich, mit den eigenen Kunden (gegen eine entsprechende Gebühr) zu vereinbaren, dass sie die in einer fremden Währung anfallenden Forderungen aus Warenlieferungen zu einem festgelegten Kurs in die eigene Währung umrechnen konnten. Jetzt jedoch begannen die Banken, auf eigene Rechnung mit den einschlägigen Papieren zu handeln, also sie an Dritte zu verkaufen oder von Dritten zu kaufen. Schließlich entstand daraus jenes System des Handels mit einer ganzen Bibliothek neu erfundener »Finanzinstrumente«, an der Spitze den sogenannten Credit Default Swaps (CDS). Vorher hatten ohnehin schon gewiefte Spekulanten – wie etwa der legendäre George Soros – herausgefunden, mit welchen Hilfsmitteln des neu verstandenen Investment-Bankings man die Entwicklung von Wechselkursen beeinflussen und im Erfolgsfall riesige Gewinne einstreichen konnte. Das Zeitalter von rein spekulativen Geschäften, die nichts mehr mit realen Abläufen in der Welt von Wirtschaftsunternehmen zu tun hatten, war angebrochen.

Diese Zusammenhänge sind vielfach nachzulesen. Für unser Thema, das Projekt eines vereinten Europa, ist festzuhalten, dass die zu Beginn der 70er Jahre des vergangenen Jahrhunderts erfolgte Einführung flexibler Wechselkurse für nahezu alle wichtigen Währungen (mit der bis heute durch die dortige Regierung beharrlich aufrechterhaltenen Ausnahme des chinesischen Renminbi/Yuan) der Welt nicht nur die Seuche eines von allen Fesseln befreiten Investment-Bankings beschert hat. Weit darüber hinaus hätte sie durchaus die tödliche Gefahr auslösen können, dass die Wirtschaft und damit die Gesellschaften Europas im Strudel des weltweiten Wettbewerbs untergehen – hätten sich Giscard d'Estaing und Helmut Schmidt nicht darangemacht, den ersten und entscheidenden Grundstein für die Schaffung einer gemeinsamen europäischen Währung, des heutigen Euro, zu legen.

Der Preis dafür, dass das von ihnen angeschobene Vorhaben nach Ablauf von nahezu zwei weiteren Jahrzehnten schließlich Wirklichkeit werden konnte, war freilich hoch. Das hing eng damit zusammen, dass sie beide sich von Anfang an entschlossen, ihre Überlegungen und Pläne nicht auf dem Jahrmarkt der Öffentlichkeit auszubreiten, sondern sie im stillen Kämmerlein eines kleinen Kreises von Eingeweihten zu halten. Einschlägige Erfahrungen, die sie von dieser Notwendigkeit überzeugten, hatten sie zur Genüge hinter sich.

Unbestreitbar ist dabei, dass das europäische Projekt – verglichen mit der Stagnation der vorangegangenen Zeit – durch das immer wieder demonstrierte Zusammenwirken zwischen Frankreich und Deutschland während der zweiten Hälfte der 70er Jahre auch ganz unabhängig von der Währungsfrage einen erfrischend neuen Schub bekam. Unter anderem zählte dazu die Einrichtung des Europäischen Rates, zu dem die Staats- und Regierungschefs der Europäischen Gemeinschaft (EG) fortan in regelmäßigen Abständen zusammenkamen, um über den Stand und weitere Fortschritte bei der Vereinigung zu beraten. Umso berechtigter ist die Frage, ob die zwar verständliche, aber eben doch nahezu verschwörerisch wirkende Art des Handelns bei der Konzipierung einer europäischen Währungsunion womöglich unvermeidliche, letzten Endes schwerwiegende Folgen für die breite Unterstützung einer fortschreitenden europäischen Vereinigung nach sich gezogen haben könnte.

*

Zu dem bereits weit verbreiteten Unbehagen an der angeblich immer stärker um sich greifenden europäischen Bürokratie kam nämlich jetzt ein Vorhaben hinzu, das bei vielen Deutschen erste Ängste vor dem möglichen Verlust ihrer geliebten D-Mark auslöste. Seine lebenswichtige Bedeutung hingegen schien angesichts der damit verbundenen technokratischen Kompliziertheit für die Bevölkerung nicht mehr verständlich zu sein. Ob die Verantwortlichen damals hätten vorhersehen müssen, dass zum Schluss die früher einmal von einer breiten Mehrzahl der Bürgerinnen und Bürger getragene Begeisterung für das Projekt eines vereinigten Europa immer mehr einem Gefühl schulterzuckender Skepsis – um nicht zu sagen: der Ablehnung – weichen würde, bleibt trotzdem im Nachhinein schwer zu beantworten. Umgekehrt dürfte es nämlich kaum weniger fraglich sein, dass das Vorhaben keine noch so geringe Chance gehabt hätte, wäre es von vornherein einer breiten Öffentlichkeit anvertraut und damit den Eitelkeiten von Besserwissern, den Interessen von Spekulanten und der Verantwortungslosigkeit von Medien zum Fraß vorgeworfen worden. Vermeintlich belehrt durch ein Beispiel wie die Erfahrungen mit dem Projekt Stuttgart 21, versichern wir uns heutzutage gern gegenseitig, dass größere Zukunftsvorhaben künftig nur noch nach intensiver öffentlicher Diskussion in Angriff genommen werden sollten. Abzuwarten bleibt freilich, welche Schlussfolgerungen zu ziehen sein werden, wenn eines Tages die ersten Erfahrungen mit solchen löblichen Absichten vorliegen. Kaum in Zweifel stehen dürfte jedenfalls, dass eine einheitliche europäische Währung, der Euro, nie und nimmer Wirklichkeit geworden wäre, hätten die dafür erforderlichen Verhandlungen und Vereinbarungen in allen ihren Einzelheiten den inzwischen üblich gewordenen Medienkampagnen oder gar Volksbefragungen standhalten müssen. Das Dilemma liegt klar zutage: die Entwicklung der gemeinsamen europäischen Währung als ein Beitrag zum verbreiteten Unmut vieler Europäer am Projekt der Vereinigung – und zugleich umgekehrt als entscheidender Baustein für die Sicherung der künftigen Überlebensfähigkeit Europas im weltweiten politischen, wirtschaftlichen und gesellschaftlichen Wettbewerb ...

Im Unterschied zum französischen Präsidenten hatte Helmut Schmidt wohl anfänglich in dem System flexibler Wechselkurse keineswegs nur Nachteile und Gefahren gesehen. Nicht zuletzt als Folge massiver Meinungsunterschiede innerhalb der Regierung des glücklosen amerikanischen Präsidenten Jimmy Carter löste jedoch Anfang 1977 ein drastischer Wertverlust des Dollar gegenüber den wichtigsten europäischen Währungen tatsächlich – wie zu erwarten – äußerst kritische Folgen für die Exporte und damit für die gesamte Wirtschaft der betroffenen Länder aus. Zwar hatte die EG schon einige Jahre zuvor einen

Plan für eine umfassende Wirtschafts- und Währungsunion vorgelegt. Entstanden war daraus zunächst mit der sogenannten »Währungsschlange« ein System, das dazu dienen sollte, größere Schwankungen der Wechselkurse zwischen den europäischen Währungen zu vermeiden. Doch dieses Vorhaben brach schnell wieder in sich zusammen. Beides zusammen, die »Dollarkrise« und die interne Wirkungslosigkeit der Währungsschlange, gaben schließlich den Ausschlag für den gemeinsamen Entschluss von Schmidt und Giscard, die Schaffung eines europäischen Währungssystems in Angriff zu nehmen. Dabei war das als EMS, European Monetary System, bezeichnete Vorhaben weit entfernt von der späteren Schaffung einer gemeinsamen Währung, des Euro. Die Geburtswehen, unter denen es zustande kam, waren dennoch – wie gesagt – beträchtlich.

Nach einer streng vertraulich gehaltenen Abstimmung zwischen ihren Kanzleien trugen der Bundeskanzler und der Präsident ihren Vorschlag zunächst in großen Zügen ihren im April 1977 zu einer routinemäßigen Konferenz in Kopenhagen versammelten Kollegen vor. Außer Roy Jenkins, dem aus England stammenden Präsidenten der EG-Kommission und alten Befürworter einer Währungsunion, waren keinerlei außenstehende Mitarbeiter, nicht einmal die Außenminister, anwesend. Vorgeschlagen wurde (unter teilweiser Verwendung der in den Mitgliedsländern angesammelten Reservemittel) zunächst die Einrichtung eines gemeinsamen europäischen Währungsfonds. Damit verbunden sollte die feste Absicht sein, als nächsten Schritt über die Einführung einer gemeinsamen Währung zu beraten.

Wie zu erwarten gab es daraufhin sogleich Bedenken vonseiten des englischen Labour-Premierministers James Callaghan. Sie gingen jedoch nicht so weit, sich gegen die Einsetzung einer aus drei Beratern gebildeten Expertengruppe zu sperren, die beauftragt wurde, konkrete Maßnahmen zur Realisierung des vorgetragenen Konzepts zu erarbeiten. Jedenfalls wurden die zuständigen Minister erst im Anschluss an das Zusammentreffen auf höchster Ebene unterrichtet. Das Projekt nahm seinen Lauf – was freilich in keiner Weise heißt, dass dies ohne erhebliche Schwierigkeiten und Reibungen geschah. Der europäischen Öffentlichkeit wurde das Projekt im Sommer des folgenden Jahres offiziell vorgestellt. Zu seiner Realisierung wurde als Erstes eine Währungseinheit ins Leben gerufen, die für alle wirtschaftlichen Transaktionen zwischen den in den Mitgliedsländern ansässigen Unternehmen gültig sein sollte. Sie bekam sogleich auch einen englischsprachigen Namen: ECU,»European Currency Unit«. Großbritannien freilich hatte sich zu dieser Zeit bereits aus dem Vorhaben verabschiedet. Begründet wurde das vornehmlich mit der Befürchtung, dass die amerikanische Seite das Bestreben einer europäischen Unabhängigkeit vom Dollar als wirtschaftspolitische Kampfansage missverstehen könnte. Dahinter verbarg sich freilich der andauernde und bis heute anhaltende Dissens über den künftigen Charakter der Europäischen Union. Er liegt darin begründet, dass Großbritannien im Grunde genommen die Gemeinschaft von Anbeginn an vor allem auf ihre Funktion als Freihandelszone beschränkt sehen wollte und daher bis heute jegliche ernsthafte Übertragung traditioneller staatlicher Souveränitätsrechte – seien sie finanzieller, militärischer oder außenpolitischer Natur – an die Gemeinschaft ablehnt.

Unabhängig von solchen staatspolitischen Problemen waren freilich auch vielfältige anderweitige Bedenken auszuräumen. Wie üblich kamen sie zumeist von Institutionen, die um eine Beeinträchtigung ihrer gewohnten Macht fürchteten. Angeführt wurden sie von der Deutschen Bundesbank, die auf ihre Stellung als eine von politischen Einflüssen unabhängige Hüterin der Geldwertstabilität bedacht war. Begleitet wurden die sich daraus ergebenden Kontroversen durch einen gehörigen Medienrummel. Schon damals bot er einer großen Zahl von vermeintlichen oder wirklichen Experten aus der Welt der Hochschulen willkommene Gelegenheit, sich zu»profilieren«. Im Mittelpunkt der Dispute stand bald ein Thema, das in den folgenden langen Jahren bis zur Einführung des Euro – 1998 als Buchgeld und 2002 als Bargeld – ständig auf der Tagesordnung bleiben sollte. Bis heute bildet es den Dreh- und Angelpunkt im politischen Ringen um die weitere Vereinigung Europas – und bis heute scheint es einen unwiderstehlichen Reiz auf die Geltungssucht mancher eitler Ökonomen auszuüben ...

Es geht um die Frage, inwieweit eine gemeinsame Währung die beteiligten Länder, ob sie wollen oder nicht, am Ende unweigerlich zwingen wird, die Voraussetzungen für eine gemeinsame Wirtschafts- und Finanzpolitik zu schaffen – oder ob umgekehrt eine gemeinsame Währung zum Scheitern verurteilt ist, wenn sich die beteiligten Länder nicht schon vor ihrer Einführung auf eine gemeinsame Wirtschafts- und Finanzpolitik geeinigt haben. Helmut Schmidt und Valéry Giscard d'Estaing waren davon überzeugt, dass nur der erste Weg zum Erfolg führen könne. Sie wussten, dass es ohne einen solchen Druck niemals gelingen würde, die Partnerstaaten vom Verzicht auf wesentliche Teile ihrer traditionellen Eigenständigkeit zu überzeugen. Zu den historischen Verdiensten von Helmut Kohl zählt es, dass er als Nachfolger von Schmidt besonders in den 90er Jahren trotz massiver Querschüsse aus den eigenen Reihen – wie etwa durch den chronischen Nörgler Kurt Biedenkopf – unbeirrt an der gleichen Linie festgehalten hat. In der Kohl-Biografie von Hans-Peter Schwarz ist das eindrucksvoll nachzulesen. Im Verlauf der jüngsten, bis an den Rand einer Katastrophe führenden Schuldenkrise der europäischen Staaten ist noch einmal deutlich geworden, wie sehr Schmidt wie Kohl Recht hatten – und haben: Ohne die gemeinsame Währung hätte sich niemals der Weg in eine breite politische Vereinigung öffnen lassen! Ich werde noch darauf zurückkommen.

*

Im März 1979 war es schließlich so weit: Das Europäische Währungssystem konnte in Kraft treten. Die drei Benelux-Staaten und Dänemark schlossen sich von Anfang an Frankreich und Deutschland an, Italien und Irland folgten kurz darauf (Großbritannien sicherte sich eine Art von »bevorrechtigter Partnerschaft«, indem es sich formal die Tür für einen späteren Beitritt offenhielt). Die Tore für einen weiter fortschreitenden politischen und wirtschaftlichen Zusammenschluss Europas waren unwiderruflich geöffnet.

Auf Helmut Schmidt folgte 1982 Helmut Kohl als Bundeskanzler, Valéry Giscard d'Estaing verlor 1983 die anstehende Präsidentschaftswahl gegen François Mitterrand. Beide Ereignisse kennzeichneten den Beginn einer neuen Ära. Sie war geprägt durch eine weltpolitische Umwälzung, die für ausnahmslos alle europäischen Länder eine grundlegend neue Ausrichtung erzwang und folglich Vorrang vor jeglichen anderweitigen Herausforderungen beanspruchte: die fortlaufende innen- wie außenpolitische Erosion der bisherigen weltpolitischen Rolle der Sowjetunion bis hin zum Zusammenbruch der DDR und zur deutschen Wiedervereinigung gleich zu Beginn der 90er Jahre.

Die Bemühungen um eine weitere Vertiefung der europäischen Zusammenarbeit ließen trotzdem nicht nach. Unter dem Vorsitz ihres seit 1985 amtierenden Präsidenten Jacques Delors konzentrierten sie sich allerdings immer stärker auf die Europäische Kommission in Brüssel. Dass diese Entwicklung keineswegs ausschließlich mit den erwähnten weltpolitischen Vorgängen zusammenhing, lag freilich in erheblichem Maß auch in den Persönlichkeiten des deutschen Bundeskanzlers und des französischen Präsidenten begründet: Helmut Kohl, dessen große Stärke zweifellos weniger in seiner Fähigkeit zum Denken und Handeln in großen Zusammenhängen als in seiner manchmal womöglich bieder-provinziell wirkenden, jedenfalls aber äußerst erfolgreichen Neigung zu zupackend pragmatischem Vorgehen zu suchen war, François Mitterrand, mit allen Wassern der seit jeher trickreichen französischen

Innenpolitik vertraut und entsprechend misstrauisch darüber wachend, dass der große und wirtschaftlich so erfolgreiche Nachbar jenseits des Rheins auf keinen Fall den europäischen Führungsanspruch der von ihm repräsentierten »Grande Nation« gefährdete.

Neben der zwingend erforderlichen Konzentration auf die Folgen des Geschehens in der Sowjetunion waren es genau diese Eigenheiten, die dazu führten, dass das Projekt der europäischen Vereinigung zunehmend in den Ruf geriet, überwiegend den Interessen anonymer Bürokraten zu dienen. Ihrem Naturell entsprechend flüchteten sich Mitterrand und Kohl stattdessen in große Gesten wie ihren für die Medien inszenierten Händedruck an den Soldatengräbern des Schlachtfelds von Verdun. In Wirklichkeit schien freilich dahinter ihr mangelndes Gespür für die zunehmende Dringlichkeit des europäischen Vorhabens auf. Durch ernsthafte Initiativen, die Einigung Europas grundlegend voranzubringen, sind sie jedenfalls nicht aufgefallen: Trotz seiner unbestritten tiefen Überzeugung von der Notwendigkeit der europäischen Vereinigung beschränkte sich Kohl darauf, Meinungsverschiedenheiten zwischen den Mitgliedsländern durch großzügigen Einsatz des deutschen Scheckbuchs zu überbrücken, während Mitterrand eher durch mehr oder minder vornehme Zurückhaltung bestach. Ihren Nachfolgern, Gerhard Schröder als Bundeskanzler und Jacques Chirac als Präsidenten, sollte es unter dem Strich nicht anders ergehen – bis schließlich, mehr als zwanzig Jahre nach dem Beginn des europäischen Währungssystems und zehn Jahre nach der ersten Einführung des Euro als Buchgeld, der Ausbruch der weltweiten Finanzkrise und der nachfolgenden »Eurokrise« die Verantwortlichen endlich im Sinne des Wortes zu neuem Mut zwangen.

Auch hierauf werde ich zurückkommen. Hier geht es zunächst darum, daran zu erinnern, dass große Würfe der internationalen Politik jedenfalls in demokratisch getragenen Staaten regelmäßig lange Zeit brauchen, bevor sie die Chance haben, realisiert zu werden. In der Zwischenzeit kann viel geschehen. Die ursprünglichen Planungen können innen- oder außenpolitisch (oder beides zugleich) in den Strudel unvorhersehbarer Ereignisse geraten, die Wählerinnen und Wähler können sich durch ihre Stimmabgabe für gänzlich andere Wege oder Lösungen entscheiden, Hindernisse können sich herausstellen, an die anfänglich niemand gedacht hat, fehlerhafte Entscheidungen können getroffen werden, die korrigiert werden müssen. Insofern geht es denjenigen, die in politischer Verantwortung stehen, um keinen Deut anders als denjenigen, die für die strategische Ausrichtung von Wirtschaftsunternehmen verantwortlich sind – freilich mit einem entscheidenden Unterschied: Im zweiten Fall geht es zwar gleichfalls um Eingriffe in menschliche Schicksale, aber darüber hinaus betreffen unternehmerische Entscheidungen nur das wirtschaftliche Interesse der jeweiligen Eigentümer, im ersten Fall hingegen beziehen sich Grad und Ausmaß der jeweiligen Verantwortung auf das allgemeine Wohl.

Übrig bleibt immerhin eine Feststellung. Sie lautet, dass gerade wegen der unvermeidlich langen Wegstrecke und den dabei anfallenden »Mühen der Ebenen«, am Ende nur dann auf einen Erfolg gehofft werden darf, wenn dabei etwas zu neuem Leben erweckt wird, was über die Jahre hinweg in Vergessenheit geraten ist. Es muss gelingen, nicht nur eine kleine Gruppe von sozusagen »Eingeweihten«, sondern eine breite Mehrzahl von uns allen wieder davon zu überzeugen, dass es sich um ein Vorhaben handelt, das wohl mit Opfern verbunden sein wird, das aber, weil es im Interesse des Gemeinwohls liegt, trotzdem einen begeisterten Einsatz verdient.

VI.

ALLE REDEN VON DER GLOBALISIERUNG, KEINER WILL SIE VERSTEHEN

Unser Thema ist, wie gesagt, schon unzählige Male durch die Mühlen der Analysen und Kommentare gemahlen worden. Dieses Buch erhebt keinen Anspruch, dem etwas grundlegend Neues hinzuzufügen. Vielmehr geht es um eine ganz einfache, schlichte Sorge – hinter der sich freilich eine Herausforderung verbirgt, wie es sie noch nie gegeben hat. Auf den Punkt gebracht: Wir leben nicht mehr, wie früher einmal, in einer kleinteilig zerstückelten Welt. Wie es sich gehört, gibt es auch dafür ein passendes Zitat von Goethe. Wollte man zu seiner Zeit ein Geschehnis kennzeichnen, das einen nicht unmittelbar berührte, sprach man von »weit hinten in der Türkei«. Seit dem Ende des sogenannten Kalten Krieges und dem durch das Internet gekennzeichneten Siegeszug der Digitalisierung ist die ganze Welt aber inzwischen, ob man es wahrhaben will oder nicht, tatsächlich zu einem Dorf zusammengewachsen – und es ist allerhöchste Zeit, dass wir uns klar machen, was das tatsächlich bedeutet, anstatt es kurzerhand zu verdrängen oder nur noch darüber nachzudenken, wenn sich überraschende Katastrophen – wie etwa das Reaktorunglück im japanischen Fukushima – ereignen.

Auch diese Feststellung ist nicht neu. Seit der furchterregenden Erfahrung der spätestens seit 2008 sichtbar gewordenen weltweiten Finanzkrise und der sich anschließenden Schuldenkrise mancher europäischer Staaten hat sie uns jedoch zum ersten Mal handgreiflich vor Augen geführt, dass es für niemanden mehr das »weit hinten in der Türkei« gibt. Was von den meisten über ein paar kurze Jahre hinweg eher als nettes Wortspiel empfunden wurde, ist inzwischen knallharte Realität. Sie trifft jede und jeden von uns unmittelbar am eigenen Leibe. Nicht nur für Europa, für unsere ganze Erde gilt: Es gibt kein Ereignis mehr, dem wir in schöne Blütenträume entfliehen könnten – und wer nicht aufpasst, kann in tödliche Gefahr geraten.

Dabei sollte niemand übersehen, dass wir Deutschen das bevölkerungsreichste Mitgliedsland in der Europäischen Union sind, dass wir unverändert über eine erfolgreich florierende Wirtschaftskraft verfügen und dass wir – von den allzu vielen außenpolitischen Fehlentscheidungen der jetzigen Bundesregierung einmal abgesehen – zu den verlässlichsten und hoch respektierten Mitgliedern in der Familie der freiheitlich-demokratischen Völker zählen. Das alles ändert jedoch nichts daran, dass auch wir, sollten wir allein auf uns gestellt bleiben, in diesem neuen Zeitalter einer umfassenden Globalisierung nichts als ein kleiner Zwerg im Wettbewerb mit schon vorhandenen oder deutlich heranwachsenden Riesen sind: unsere schrumpfende, gerade noch um die 80 Millionen zählende Bevölkerung gegenüber den mehr als anderthalb Milliarden Chinesen, schon bald kaum nennenswert weniger Indern, deutlich über 300 Millionen US-Bürgern und dem in Südamerika mit riesigen Schritten nach vorn drängenden Brasilien. Wenn wir Deutschen da unseren Kindern und Kindeskindern auch nur die kleinste ernst zu nehmende Chance lassen wollen, in Zukunft erfolgreich weiterbestehen zu können, wären wir schlecht beraten, uns von dem lästigen Weg zu einem geeinten Europa zu verabschieden. Nein: es wäre tödlich, sich einzubilden, dass wir die Herausforderungen der neuen Zeit alleine schultern könnten.

Klar: Es gibt genug Menschen in unserem Land, die nach ein paar Gläsern Bier oder Wein zu dem Schluss kommen, dass an dem ganzen Elend mit Europa bloß die unfähigen Politikerinnen und Politiker schuld seien. Würde man – so meinen sie – nur endlich einmal auf sie hören, käme doch niemand ernsthaft auf die Idee, unser Geld an die faulen Griechen zu verplempern. Und auch die weit überschätzten Chinesen werden, so weiß man an den Stammtischen, schon noch sehen, wo es endet, wenn sie sich erdreisten wollen, ihr kommunistisch beherrschtes Land einem offenen Wettbewerb auszusetzen. Die Inder oder Brasilianer: Denen haben wir es ja auch bisher schon gezeigt, wenn sie versucht haben, zu uns aufzuschließen. Und dass wir trotz aller Unkenrufe weder die Amerikaner noch gar die Japaner oder Koreaner ernsthaft zu fürchten haben, das zeigt schon ein Blick auf die Automobilindustrie im Allgemeinen und Volkswagen im Besonderen: Alle anderen hecheln uns doch hoffnungslos hinterher.

Zwar mag es sein, dass eine Studie der OECD uns Deutschen erst kürzlich vorausgesagt hat, wir würden in wenigen Jahren nicht mehr mit den neuen Konkurrenten mithalten können. Doch liegt nicht gerade da der Hase im Pfeffer? Wer, bitte schön, kann ernsthaft bezweifeln, dass die sonstigen Europäer nichts als unnütze Bremsklötze für uns Deutsche sind, die wir schleunigst wieder loswerden sollten – ganz im Sinne von Weltbeglückern wie Hans-Olaf Henkel und seinen Mitstreitern: Teilt doch wenigstens den Euro auf, in die Währung der ordentlichen, fleißigen, disziplinierten und ehrlichen Nordeuropäer (mit Deutschland an der Spitze) auf der einen, eine andere (falls gewünscht gemeinsame) Währung für die – angesichts ihrer nationalen Eigenheiten nicht für eine gleichberechtigte Mitgliedschaft »bei uns« qualifizierten – Rest-Europäer auf der anderen Seite.

Toll! Doch wie wäre es, wenn wir dem nüchternen Verstand die Ehre gäben und uns die Realitäten dieser Welt ansähen, anstatt uns mit benebeltem Geist solchen Spinnereien auszuliefern? Zuallererst: Wie – und warum – konnte es eigentlich geschehen, dass die ursprüngliche europäische Begeisterung umgeschlagen ist in ein allgemeines Desinteresse, ja zum Teil sogar in aktiven Widerstand? Sind die Versuche, die Vereinigung Europas voranzubringen, zu langweilig geworden, zu bürokratisch? Haben sich die Verantwortlichen auf eine Vorstellung von Europa eingelassen, die nur daraus besteht, dass uns die Pleitiers unser hart erarbeitetes Geld aus der Tasche ziehen? Oder sind die weltweiten Probleme so erdrückend geworden, dass die tägliche Sorge um die eigene Zukunft alle sozusagen »übergeordneten«, nicht durch die Zwänge des Augenblicks ausgelösten Projekte – wie eben Europa – zweitrangig erscheinen lässt?

Längst ist es schon die dritte nach Kriegsbeginn geborene Generation von Europäerinnen und Europäern, deren Erfahrungen, deren Anliegen und deren Weltbild das Geschehen prägen, deren Träume, deren Lebensziele und deren materielle Interessen ihr Wahlverhalten bestimmen. Für die meisten von ihnen ist es selbstverständlich, frei in der Welt umherreisen und leben zu können, wo es ihnen gefällt. Die Achtung der Menschenrechte durch alle sich als demokratisch verstehenden Staaten nehmen sie ebenso fraglos für sich in Anspruch wie das Recht auf freie Meinungsäußerung. Für diejenigen, die das Glück haben, Bürgerin oder Bürger eines Landes zu sein, das der Europäischen Union angehört, scheint zudem keine ernsthafte Notwendigkeit erkennbar zu sein, warum sie sich allzu viele Gedanken über die weitere Entwicklung machen oder sich gar dafür besonders einsetzen sollten. Wenn nötig, entzieht sich ja so etwas ohnehin dem eigenen Einfluss, wird durch irgendwelche abgehobenen Politiker oder gar in den geheimen Zirkeln von Finanzhaien und Spekulanten entschieden ...

Weit größer noch dürfte die Zahl derjenigen sein, die ganz andere Sorgen haben, weil sie um ihre Zukunft bangen müssen. Obwohl gut ausgebildet, können sie sich in keiner Weise darauf verlassen, dass ihnen irgendwann einmal das Glück eines sicheren Arbeitsplatzes beschieden sein wird. Andere, die bereits eine Familie gegründet haben, stehen gar von heute auf morgen vor einer ungewissen Zukunft, weil sie plötzlich arbeitslos sind. Was schert sie da die Zukunft Europas?

Noch wieder andere gibt es, aus deren Sicht die Vorstellungen der vorangegangenen Generationen ohnehin durch eine neue Wirklichkeit überholt sind. Man hat ihnen beigebracht, dass jeder seines Glückes eigener Schmied sei. Sie haben gelernt, dass nur die eigenen Ellenbogen zählen, wenn man im Leben vorankommen will. Rücksichtnahme auf andere, ob es die weniger Erfolgreichen, die Benachteiligten oder ob es gar Rivalen sind, ist da allemal hinderlich. Und ganz besonders gilt das für noch so blumig daherkommende Appelle, die eigenen Interessen zugunsten irgendwelcher scheinbar inhaltslosen Seifenblasen wie des »gemeinen Wohls« hintanzustellen.

Und dann gibt es die im Grunde hoffnungsfroh stimmende wachsende Zahl derjenigen, die sich im Sinne des Wortes (und der so auflagenstarken Aufforderung des liebenswerten Stéphane Hessel) »empören« – und dafür auf die Straße gehen. Es sind die jungen Menschen, die über Wochen hinweg die Puerta del Sol in Madrid besetzt gehalten haben, um gegen die Allmacht der Finanzwelt zu protestieren, es sind die Anhänger der »Occupy«-Bewegung mit ihrem Aufstand gegen die verachtenswerte Unmoral des Profit- und Bonusdenkens an den Börsen der Welt und in den Management-Etagen der Großunternehmen. Sie träumen von einer Gesellschaft, der es gelingt, sich auf allgemeinverbindliche Regeln von Moral und Anstand zu besinnen, sind bereit, dafür zu kämpfen und Opfer auf sich zu nehmen. Zugleich haben sie jegliches Vertrauen in die bestehenden Parteien und deren führende Persönlichkeiten verloren. Genau wie die sich in manchen europäischen Ländern ausbreitenden »Piraten« stimmen sie alle darin überein, dass in der ganzen freiheitlichen Welt neue politische Strukturen geschaffen werden müssen, um mit den Problemen der Gegenwart und Zukunft fertig werden zu können. Begeisterung für gemeinsame Ideale: Sie ist bei vielen dieser jungen Menschen vorhanden, nicht anders als bei all denen, die das Wunder des »arabischen Frühlings« ausgelöst haben. Wieso scheinen diese Ideale mit denen von der Vereinigung Europas nichts zu tun zu haben? Wieso nur gelingt es den politisch Verantwortlichen nicht, hier einen Zusammenhang herzustellen und die Frage zu stellen: Wie wollen wir zukünftig in Europa leben?

*

Wer könnte ernsthaft die Augen vor diesen auseinanderstrebenden Entwicklungen verschließen? Vor einem solchen Hintergrund kann der Verlust der Erinnerungsfähigkeit an die eigene Geschichte sehr wohl zur Folge haben, dass kritische geschichtliche Situationen im Handumdrehen in ein katastrophales Ende münden. Deswegen sind wir gut beraten, uns noch ein wenig genauer an die bisherigen Bestrebungen zur europäischen Vereinigung seit dem Ende des Zweiten Weltkriegs zu erinnern. Wir können daraus erkennen, was alles falsch gemacht wurde – und warum wir Selbstmord begehen würden, sollten wir uns nicht dazu aufraffen, mit frischem Mut auf dem begonnenen Weg weiter voranzuschreiten.

Im Zusammenhang mit dem Ringen um die Einführung des Europäischen Währungssystems (EWS) war schon die Rede von einer grundsätzlichen Kontroverse. Sie drehte sich darum, ob die Einführung einer gemeinsamen Währung dauerhaft erfolgreich bleiben könne, wenn nicht zuvor in den beteiligten Ländern eine einheitliche Wirtschafts- und Finanzpolitik der beteiligten Länder durchgesetzt würde – oder ob umgekehrt erst eine gemeinsame Währung eine solche politische Einigung erzwingen könne. Dieser Streit sollte sich in den eingeweihten Kreisen von Professoren, Bankern und Journalisten noch über mehr als ein Jahrzehnt fortsetzen. Trotz der erwähnten grundsätzlichen Zielsetzung von Helmut Kohl beruhte freilich die 1992 im Vertrag von Maastricht beschlossene Ablösung der nationalen Währungen durch den Euro auf dem zweiten Modell: Von der Einführung einer einheitlichen Wirtschafts- und Finanzpolitik blieb nicht mehr übrig als eine vage Absicht für die fernere Zukunft.

Auch in einem für das europäische Projekt so wichtigen Land wie Frankreich ist der Streit bis heute nicht entschieden. Bezeichnend dafür ist die Wertung der im Dezember 2011 in Brüssel gefassten, angeblich grundlegend wichtigen Beschlüsse der Staats- und Regierungschefs durch ein bekanntes französisches Wirtschaftsjournal. Es meinte, das »föderale Europa« sei damit »zurückgestutzt auf ein Europa der Nationen«, die EU-Kommission habe in Zukunft nur noch »technische Aufgaben« wahrzunehmen und das Europaparlament sei nicht einmal erwähnt worden.

Sollte diese Wertung tatsächlich zutreffen, würde das gewiss eine grundlegend neue Weichenstellung bedeuten – nach rückwärts! Es liefe auf das Wiedererwachen einer Einstellung hinaus, die durchaus den ursprünglichen Vorstellungen von de Gaulle entsprechen würde. Hätten Giscard und Schmidt offen und ehrlich ihre innere Überzeugung kundgetan, wäre sie bei ihnen beiden womöglich gleichermaßen auf gewisse Sympathie gestoßen. Denn ich vermute, dass sie es gar nicht so ungern gesehen hätten, wenn die grundlegenden politischen Entscheidungen eines vereinten Europa auch weiterhin allein den beteiligten Staats- und Regierungschefs vorbehalten geblieben wären. »Kaminrunden« im stillen Kämmerlein und kleinsten Kreis waren für sie die einzigen Instrumente, die auf die Dauer Erfolg versprechen. Freilich wäre dann in der Tat die Verantwortung der sonstigen europäischen Gremien – wie der Europäischen Kommission oder der ohnehin aus ihrer Sicht eher überflüssigen Ministerräte – auf »technische Aufgaben«, nämlich die Vorbereitung oder nachvollziehende Durchführung der gefassten Beschlüsse, beschränkt worden.

VII.

HENNE ODER EI?
EUROPA ODER DER EURO?

Ausgeschlossen mag es keineswegs sein, dass ein solches Vorgehen tatsächlich manches Mal die Entscheidungen erleichtern – oder auch beschleunigen – könnte. Abzuwarten bleibt ohnehin, welchen Weg der neue französische Präsident François Hollande letzten Endes einschlagen wird. Gewiss ist allerdings, dass damit eine breite Akzeptanz der europäischen Idee noch massiver infrage gestellt würde, als dies ohnehin bereits der Fall ist. Insofern leben im Übrigen auch gewisse Anklänge an eine Kontroverse weiter fort, die bereits am Beginn aller Überlegungen und Diskussionen über die Gestaltung des europäischen Einigungsprozesses gestanden hatte – und nie ganz ausgetragen wurde. Bis heute hängt sie zutiefst mit der Antwort auf die Frage zusammen, wie es eigentlich geschehen konnte, dass die ursprüngliche Begeisterung für das Projekt schon so bald darauf zerfallen konnte. Bekannt geworden ist sie als Streit zwischen den sogenannten Föderalisten (oder Institutionalisten) und den Funktionalisten.

Die Funktionalisten waren davon überzeugt, dass die europäische Zukunft entscheidend von einer Stärkung der Wirtschaftsunternehmen im internationalen Wettbewerb abhängt. Für sie zählte dazu in erster Linie der Abbau der bisherigen Zollschranken und der unterschiedlichen Zulassungsvorschriften, durch die der Warenaustausch zwischen den Mitgliedsländern erschwert und verteuert wurde. Das Europa, das ihnen vorschwebte, bestand also in seinem Kern aus einer Freihandelszone. Folglich hielten sie die Einrichtung von zentralen Organen einer gemeinsamen Organisation für weitgehend überflüssig.

Im Gegensatz dazu ging es den Föderalisten von Anfang an um weit mehr als um eine reine Wirtschaftsunion. Als Vision schwebte ihnen die Schaffung einer politischen Vereinigung Europas vor, die alle Bereiche des öffentlichen Lebens umfasst. Dafür stand an vorderster Stelle Jean Monnet. Pragmatiker, der er war, wusste er freilich sehr genau, dass es hoffnungslos gewesen wäre, das Ziel mit einem einzigen Schritt erreichen zu wollen. Daher sprach man lieber gar nicht davon. Vielmehr zogen Monnet und seine Mitstreiter es vor, zunächst die Kohle und Stahl erzeugende Wirtschaft zusammenzuführen, indem sie einer für die politischen Rahmenvorgaben zuständigen zentralen Behörde zugeordnet wurde. Nachdem 1953 ein Versuch zur Schaffung einer umfassenden politischen Union und im Folgejahr – durch das ablehnende Votum des französischen Parlaments – auch die Einrichtung einer europäischen Verteidigungsgemeinschaft gescheitert war, legten schließlich die 1957 unterzeichneten Römischen Verträge die Partnerstaaten auf ein föderales Konzept fest. Es gilt bis heute – was freilich nichts daran ändert, dass es bis heute Gegenstand ebenso mühseliger wie langwieriger Auseinandersetzungen zu sein pflegt, sobald es darum geht, die nächsten Schritte zu beschließen, die näher an das Ziel eines politisch vereinten Europa heranführen.

Dem Grund für diese Misere sind wir schon begegnet. Er ist einfach – und er wird deutlich, wenn wir uns ansehen, was seitdem fehlgelaufen ist. Das läuft auf drei Feststellungen hinaus: Wir haben zugelassen, dass die europäische Vision zum Alptraum (vermeintlicher oder wirklicher) bürokratischer Regulierungswut entartet, wir haben es versäumt, durch die rechtzeitige Übertragung von Entscheidungsbefugnissen an ein direkt gewähltes Parlament die Bürgerinnen und Bürger am Geschehen zu beteiligen – und es hat bitter an Führungspersönlichkeiten gemangelt, die glaubhaft begründen konnten, warum wir die Zukunft unserer Kinder und Kindeskinder ohne ein politisch vereintes Europa aufs Spiel setzen.

Nach Abschluss der Römischen Verträge – mit Frankreich, Italien, der Bundesrepublik und den drei Benelux-Staaten als Partnern – ging es nur im Schneckentempo voran. Acht Jahre, bis 1965, dauerte es, bevor die bestehenden Behörden für Kohle und Stahl, für die Atomenergie und für die Handelsunion schließlich zu einer gemeinsamen Kommission zusammengefasst wurden, elf Jahre, bis 1968, ehe endlich ein gemeinsamer Außenzoll Wirklichkeit wurde. Ende 1969 nahmen sich die beteiligten Staaten zwar (auf Vorschlag des luxemburgischen Ministerpräsidenten Pierre Werner) vor, bis 1980 eine umfassende Wirtschafts- und Währungsunion einzuführen und zugleich eine enge politische Zusammenarbeit zu verwirklichen. Wie lange es danach noch dauerte, bis unter der Führung von Helmut Schmidt und Valéry Giscard d'Estaing auch nur der Plan für ein gemeinsames Währungssystem auf den Weg gebracht wurde, haben wir schon gehört – ganz zu schweigen davon, dass mehr als ein weiteres Jahrzehnt verging, bis durch den Vertrag von Maastricht endlich die Einführung des Euro beschlossen und damit (von manchen der Beteiligten durchaus ungewollt!) der Zwang zu einer umfassenden wirtschaftlichen – und letzten Endes auch politischen – Union ausgelöst wurde.

Nach den fünf Gründungsmitgliedern traten nacheinander Irland, Griechenland, Portugal, Spanien und Großbritannien der Europäischen Union bei. Inzwischen zählt sie 27 Mitglieder (mit insgesamt nahezu 500 Millionen Einwohnern). Die (ursprünglich »Hohe Behörde« genannte) Europäische Kommission mit Sitz in Brüssel verzeichnete, beginnend mit dem Deutschen Walter Hallstein, bis zu ihrem heutigen Leiter, dem Portugiesen José Manuel Barroso, zwölf Präsidenten.

Unbestreitbar kennzeichnet die wirtschaftliche Entwicklung der Mitgliedsländer während der bisherigen Wegstrecke nichts weniger als eine beeindruckende Erfolgsgeschichte. Genauso wahr bleibt aber auch, dass von all diesen Führungspersönlichkeiten der Kommission nur ein einziger, Jacques Delors, unverwechselbare Spuren hinterlassen hat. Mit Ausnahme von ihm hat es in der Zwischenzeit niemand verstanden, das Projekt der europäischen Einigung als Zukunftsideal im ständigen öffentlichen Gespräch zu halten, sich massiv dafür einzusetzen, deutlich zu machen, dass es für jeden einzelnen lebenswichtiger ist als die Höhe der Rente oder der Inflation. Womöglich fehlte über eine allzu lange Wegstrecke hinweg bei allen, die in den beteiligten Ländern politische Führungsverantwortung trugen, auch einfach das notwendige Gespür. Zumindest hat keiner mehr den Mut gehabt, sich den damit verbundenen Fragen in kontroverser Diskussion zu stellen, den eigenen Wahlerfolg damit zu verknüpfen. Niemand hat verstanden, wie wichtig die umfassende Mitwirkung eines direkt gewählten Parlaments gewesen wäre. Niemand hat es verständlich machen können, warum es zu keinem Zeitpunkt auch nur die Spur einer Chance gab, mit einem Paukenschlag alle Probleme endgültig aus der Welt zu schaffen – dass aber das ebenso langwierige wie unvermeidliche Bohren dicker Bretter nur dann zum Erfolg führen kann, wenn es getragen wird von einem klaren Blick der Wählerinnen und Wähler auf das angestrebte Ziel.

*

Die alles in allem eben doch jammervolle Vorstellung der europäischen Staats- und Regierungschefs im Zusammenhang mit der sogenannten Eurokrise spricht Bände. Regelrecht üblich ist es inzwischen, eine entscheidende Ursache der Krise daran festzumachen, dass sich Griechenland seinerzeit seinen Beitritt zur Währungsunion mit falschen – um nicht zu sagen: gefälschten – Angaben erschlichen habe. Jede und jeder derjenigen, die heute politische Verantwortung tragen, pflegt – welcher Partei sie oder er auch immer angehören – zu beteuern, dass der Beitritt nie und nimmer zustande gekommen wäre, hätte man auch nur ahnen können, wie sehr man damals getäuscht wurde. Jeder Stammtisch weiß genau darüber Bescheid, ist felsenfest davon überzeugt, dass dies angesichts typischer griechischer Eigenschaften wie Faulheit und Verschwendungssucht auch überhaupt nicht verwundern kann. Ja, ich kenne sogar hoch angesehene Historiker, die ernsthaft meinen, dass es sich bei diesen Eigenheiten in Wirklichkeit um überkommene, sozusagen eingefleischte Erbschaften aus der allzu lange andauernden türkischen Herrschaftszeit handele. Dabei gerät die grundlegende Problematik, die sich hinter der jetzigen Krise verbirgt, tatsächlich erst dann ins rechte Licht, wenn wir uns die Vorgeschichte der Mitgliedschaft Griechenlands in der EU vor Augen halten. Sie geht – woran Reinhard Hillebrand in der *Zeit* Ende 2011 eindrucksvoll erinnert hat – bis ins 19. Jahrhundert zurück.

Das Königreich Griechenland, nach dem Ende der osmanisch-türkischen Herrschaft Anfang der 1830er Jahre ins Leben gerufen, hatte von Anfang an mit Problemen seines Staatshaushalts zu kämpfen. Kurz vor der Jahrhundertwende musste schließlich Konkurs angemeldet werden. Die Ursachen waren mannigfach. Verschwendungssucht zählte gewiss dazu. Doch viel tiefer reichten die Feststellungen eines durch Großbritannien entsandten Emissärs namens Edward Law. Vergleichbar mit der für die heutigen Euro-Staaten (und den IWF) arbeitenden »Troika« sollte er die Haushaltssituation überprüfen und Lösungsvorschläge erarbeiten. Nicht weniger unfreundlich wurde auch er damals in Athen empfangen. Seine Erkenntnisse hingegen kommen einem vor, als seien sie einem aktuellen Bericht ebendieser »Troika« entnommen. Nachdem er sich monatelang durch Berge von Akten gekämpft hatte, hob er (wie Hillebrand zitiert) mit deutlicher Verwunderung eine »unkonventionelle Buchführung der Behörden« hervor, »die manchmal das Haushaltsjahr mit 14 Monaten rechnen« – und dass »man unfähig sei, die Steuern einzutreiben«. Das freilich hatte nun wirklich nicht das Geringste mit der vorangegangenen osmanischen Herrschaft zu tun – sondern kennzeichnete einen Schlendrian, der durchaus denjenigen zuzurechnen war, die nach der Gründung der griechischen Monarchie das neue Staatswesen und seine Verwaltung ins Leben gerufen hatten: Es waren Beamte, die aus Deutschland, aus Bayern, stammten, an ihrer Spitze der Wittelsbacher König Otto I. (bald danach abgelöst durch dänische, also gleichfalls nordeuropäische Nachfolger).

Alles das hätte man wahrlich wissen können, wissen müssen, als das Land 1981 in die damalige EG aufgenommen wurde. Immerhin gab es ein vorgeschaltetes Prüfungsverfahren. Es wird in seinen Grundzügen bis heute angewendet, wenn Verhandlungen mit einem weiteren Staat – etwa mit der Türkei oder Kroatien – über die Mitgliedschaft anstehen. Zielsetzung ist es jeweils, herauszufinden, ob die Erfüllung aller gestellten Anforderungen gewährleistet ist. Gewiss kommt dabei der Sicherung der allgemeinen Menschenrechte hoher Vorrang zu. Doch genau wie eine lange Liste weiterer Voraussetzungen spielen seit jeher auch wirtschafts– und sozialpolitische Kriterien eine wichtige Rolle. Nicht zuletzt zählt dazu die Frage, ob der betreffende Staat über eine funktionsfähige und verlässliche Verwaltungsstruktur verfügt. Davon kann jedenfalls keine Rede sein, wenn – wie im Fall von Griechenland – eine große Zahl von Ministerien und weiteren Behörden unkoordiniert nebeneinander her arbeiten, wenn sich ihre Zuständigkeiten überschneiden und sie sich deswegen gegenseitig behindern oder wenn sie über keine modernen Kommunikationssysteme verfügen.

Unvermeidlich muss es dann zu Unverträglichkeiten kommen, die ein Chaos nach sich ziehen. Steuerhinterziehung entwickelt sich schnell zum Volkssport, wenn die Veranlagung durch die Behörden unzuverlässig arbeitet. Renten werden in großer Zahl an Empfänger ausbezahlt, die längst nicht mehr am Leben sind. Korruption wird zur selbstverständlichen Gewohnheit. Das alles hat aber eben nicht das Geringste mit angeblichen Eigenschaften der einfachen Menschen zu tun. Griechinnen und Griechen unterscheiden sich weder durch ihren Arbeitswillen noch durch ihre Intelligenz noch durch ihre Lebensziele und Träume von anderen Europäern. Die wirklichen Ursachen für die dramatischen Probleme, mit denen wir es zu tun hatten (und haben), sind allein darin zu finden, dass es den politischen Parteien und ihren Führungen in Griechenland nie gelungen ist, eine funktionsfähige, unabhängige, an klare gesetzliche Grundlagen gebundene staatliche Verwaltung ins Leben zu rufen. Gewiss musste nach Ausbruch der sogenannten Eurokrise zuallererst die Sanierung des griechischen Staatshaushalts im Vordergrund aller Bemühungen stehen. Auf die Dauer gedient sein wird jedoch allen denjenigen, die dafür außerhalb und innerhalb des Landes so schmerzhafte Opfer erbringen müssen, nur dann, wenn es mit gemeinsamer Anstrengung gelingt, die berühmt-berüchtigten »griechischen Verhältnisse« von Grund auf in Ordnung zu bringen. Das aber wird, ob wir es wahrhaben wollen oder nicht, seine Zeit kosten.

Dabei trifft es zweifellos zu, dass die Ursachen der vorangegangenen Krisen in Irland und Portugal oder diejenigen der später in Italien und Spanien zutage getretenen Schwierigkeiten jeweils unterschiedlicher Natur waren und sind. Allen ist jedoch gemeinsam, dass die beteiligten europäischen Regierungen von Anfang an einem grundlegenden Irrtum aufgesessen sind. Er bestand – und besteht – aus dem nahezu blinden Glauben an die Weisheit ihrer finanzpolitischen Ratgeber. Allesamt haben sie gepredigt, dass es sich ausschließlich um eine Überschuldung der jeweiligen staatlichen Haushalte handele, die daher durch ebenso radikale wie kurzfristige Sparmaßnahmen bereinigt werden müsse. Lange, bis weit ins Jahr 2011 hinein, hat es gedauert, bis sich endlich herumgesprochen hatte, dass vielmehr unterschiedslos alle Mitglieder der Gemeinschaft in der Verantwortung stehen, sich darum zu kümmern, dass das Übel an seinen – jeweils unterschiedlich gearteten – Wurzeln gepackt wird. Sollte dies misslingen, werden sich im Übrigen auch alle noch so sympathisch klingenden Appelle an eine gemeinsam geförderte Wiederbelebung des wirtschaftlichen Wachstums, wie sie der französische Präsident François Hollande gleich zu Beginn seiner Amtszeit angemahnt hat, als fruchtlose Therapieversuche erweisen.

Die Beschlüsse der Staats- und Regierungschefs vom Dezember 2011 waren sicherlich ein erster Schritt in die richtige Richtung. Inzwischen hat sich jedoch auch bis zur deutschen Bundeskanzlerin herumgesprochen, dass weit mutigere Schritte folgen müssen, bis die Spekulanten endgültig in ihre Schranken verwiesen sind und endgültig Entwarnung gegeben werden kann. Bis es wenigstens zu einer Atempause kommen konnte, mussten wir allerdings seit Anfang des Jahres 2010 eine nur durch kurze Pausen unterbrochene Folge von »Krisengipfeln« miterleben. Regelmäßig endeten sie mit Pressekonferenzen, auf denen – mal mit ernster, mal mit froher Miene – dem staunenden Fernsehpublikum verkündet wurde, dass man einen großen Schritt vorangekommen sei. Tage später liefen schon die nächsten Hiobsbotschaften durch die Medien. Für die unzähligen Herrschaften in der Welt der »Finanzindustrie«, deren liebstes Kind eine allgemeine Verunsicherung ist, waren nachgerade paradiesische Zeiten angebrochen, gibt es doch keine bessere Spielwiese, um durch geschickte Spekulation Unsummen zu verdienen.

In erster Linie sind Angela Merkel und der damalige französische Präsident Nicolas Sarkozy für diese Entwicklung verantwortlich. Anstatt von Anfang an unmissverständlich klarzustellen, dass man Griechenland sowohl durch finanzielle Unterstützung bei der Sanierung des Haushalts als auch mit Rat und Tat bei der Lösung seiner internen Probleme unter die Arme greifen wird, haben sie es mit Rücksicht auf die Meinungsumfragen in beiden Ländern vorgezogen, ständig weiter herum- zulavieren. Immer wieder erneuerte drastische Beteuerungen, dass nun die Grenze der Geduld erreicht sei und die Griechen sich fortan am eigenen Zopf aus dem Sumpf ziehen müssten, erwiesen sich kurz darauf als hohle Drohungen. Zugleich lösten die unbedachten Sparauflagen einen Aufruhr der gequälten griechischen Bevölkerung gegen ihre überkommenen politischen Parteien auf der einen und gegen das als Diktat empfundene Verhalten vor allem der deutschen Bundeskanzlerin auf der anderen Seite aus.

Vergessen konnte niemand, dass weder Frankreich noch Deutschland alles andere als weiße Westen hatten: Während der Amtszeit des Präsidenten Chirac und der damaligen rotgrünen Bundesregierung Schröder/Fischer waren sie selbst es, die gleich nach der Einführung des Euro, weil sie die vereinbarten Verschuldungsgrenzen verletzt hatten, mit billigen Tricks die Brüsseler EU-Kommission davon abhielten, entsprechende Verfahren gegen sie einzuleiten. Vor einem solchen Hintergrund mag fortan den übrigen Partnern die Selbstlosigkeit beider Staaten nicht gerade unerschütterlich vorgekommen sein. Doch wie dem auch sei: Zurück blieb jedenfalls im Verlauf der Eurokrise der vollauf berechtigte Eindruck, dass die gewählten Regierungen – unter Einschluss von Deutschland wie von Frankreich – in Wahrheit längst zu Getriebenen der sogenannten Finanzmärkte geworden waren.

*

Gewiss verfolgt Sigmar Gabriel als Vorsitzender der SPD naheliegende parteipolitische Ziele. Das ist seine Aufgabe. Nicht alles, was er sagt, muss deswegen übermäßig ernst genommen werden. Trotzdem trifft es zu, wenn er seit langem davor warnt, die EU – und besonders die Euro-Länder – als eine reine »Sanktionsunion« zu verstehen. In der Tat kann ein vereintes Europa nur dann entstehen, wenn es mehr und anderes ist als eine Gemeinschaft, die sich ausschließlich um die Sanierung der aus dem Ruder gelaufenen öffentlichen Haushalte kümmert. Kein Zweifel: Dies muss zwingend geschehen, und das in Brüssel festgeschriebene Vorhaben, in die Verfassungen aller Mitgliedsstaaten eine verbindliche Verschuldungsgrenze aufzunehmen, verdient nicht nur Beifall, sondern hohe Anerkennung. Dabei darf es aber eben auf keinen Fall bleiben. Vielmehr muss den bisher wirtschaftlich schwächeren Ländern die Chance gegeben werden, aufzuschließen und damit ihren Beitrag zur weltweiten Wettbewerbsfähigkeit eines vereinten Europa zu leisten – Solidarität ist gefragt.

In Sonntagsreden wird sie gern beschworen. Hier allerdings wird es ernst. Europaweite Solidarität bedeutet die Unterstützung der ärmeren durch die reicheren Länder – sprich: nicht nur durch ihren Rat, sondern auch mit ihrem Geld. Anders ausgedrückt: Europa benötigt weit mehr als das Aufspannen haushaltspolitischer Schutzschirme. Zu den ständig wiederholten Beteuerungen der Bundesregierung und der sie tragenden Parteien gehörte und gehört es, man werde niemals und um keinen Preis zulassen, dass sich Europa zu einer sogenannten Transferunion wandle und damit sozusagen zu einem Club gewissenloser Verschwender entarte. Regelmäßig wurde uns eingebläut, dass es sich dabei um äußerst leichtfertige Überlegungen mancher Politikerinnen oder Politiker aus dem Ausland handele. Hoch und heilig versicherte man, dass man sich unter keinen Umständen darauf einlassen werde, weil solche Irrwege tödliche Gefahren für den Wohlstand der Deutschen mit sich bringen würden. Und ganz in diesem Sinne wurden Eurobonds, wiewohl nur wenige ernsthaft verstanden, um was es sich dabei handelt, zum Schreckgespenst hochstilisiert, zu einer Erfindung des Teufels.

Konkret: Eurobonds wären Schuldverschreibungen von Mitgliedsländern der Eurozone, die durch eine der bestehenden Einrichtungen – wie etwa den neu gegründeten ESM (European Safety Mechanism) – an Finanzinvestoren verkauft würden. Der erzielte Erlös würde den Emittenten entsprechend einer vorher festgelegten Quote zur Finanzierung ihrer jeweiligen Staatshaushalte zur Verfügung stehen. So weit, so gut. Die Folge wäre allerdings, dass bei einer solchen Lösung auch alle übrigen Mitgliedsländer, einschließlich der Bundesrepublik Deutschland, zumindest mittelbar für die Bonität dieser Anleihen, also für deren korrekte Rückzahlung durch die kreditnehmenden Länder, haften müssten. Umgekehrt könnte dadurch aus Sicht derjenigen, die bei einer Ausgabe von eigenen Staatsanleihen wegen ihrer negativen Einschätzung als Schuldner bisher unerträglich hohe Zinsen zahlen mussten, eine massive Entlastung bewirkt werden.

Vor diesem Hintergrund wäre es sicherlich angebracht gewesen, zunächst einmal über die Bedingungen zu diskutieren, an die die Begebung solcher Papiere gebunden werden könnte. Hier ist nicht der Platz, die dazu von fachkundiger Seite vorgeschlagenen Möglichkeiten im Einzelnen zu beleuchten. Ohne Ausnahme geht es jedenfalls darum, verlässlich zu verhindern, dass manche der teilnehmenden Staaten die sich ihnen auf diese Weise eröffnende Erleichterung bei der Aufnahme neuer Kredite als willkommene Gelegenheit misszuverstehen, leichtfertig bei ihren Bemühungen zum Abbau ihrer vorhandenen Verschuldung nachzulassen, also sozusagen in den alten Trott zurückzufallen. Doch anstatt sich ernsthaft auf eine solche Diskussion einzulassen, die von nahezu allen wichtigen Partnern der Eurozone dringend gewünscht wurde, zog es die Bundeskanzlerin wieder einmal vor, sich der deutschen Öffentlichkeit als unerschütterliche Beschützerin der deutschen Bürgerinnen und Bürger vor dem ruchlosen Zugriff fremder Verschwender zu empfehlen.

In Wirklichkeit handelte und handelt es sich bei allen diesen Sprüchen nur um ein weiteres, wahrhaft furchterregendes Beispiel für billigsten Populismus. Die breite Mehrheit der Bevölkerung ist weder dumm noch blind. Man könnte ihr durchaus die Wahrheit zumuten. Das setzt freilich den Mut voraus, zu seinen Überzeugungen zu stehen, anstatt seine wahren Absichten hinter einer Wolke von billigen Beteuerungen zu verbergen. Am Ende setzt sich die Wahrheit trotzdem durch. Doch dann ist es regelmäßig zu spät. Wie viel besser wäre es da, von Anfang an unmissverständlich zu sagen, dass wir nicht daran vorbeikommen, zugunsten anderer Mitglieder der europäi schen Gemeinschaft wirtschaftliche Opfer zu bringen – eben weil es bei der europäischen Vereinigung um ein Ziel geht, für dessen Verwirklichung unsere Kinder und Kindeskinder uns eines nicht allzu fernen Tages danken werden.

Längst gehört es zur alltäglichen Übung in der Öffentlichkeit, sich Sorgen darüber zu machen, dass die Glaubwürdigkeit der politischen Klasse zunehmend verloren geht. Besser als am Beispiel der politischen Auseinandersetzungen im Zusammenhang mit der sogenannten Eurokrise kann man auch in der Tat die Ursachen dieser Entwicklung kaum nachvollziehen. Allesamt wären sie zu vermeiden gewesen. Das hätte freilich vorausgesetzt, dass sich die verantwortliche politische Führung vor allem in Deutschland und Frankreich durch mehr ausgezeichnet hätte als durch ihre zweifellos beeindruckende Bereitschaft und Fähigkeit, auftauchende Probleme pragmatisch anzugehen. Mit anderen Worten: Erforderlich wäre etwas anderes gewesen als das, was der großartige österreichisch-englische Philosoph Karl Popper einmal (durchaus anerkennend gemeint) als »piece-meal engineering«, zu Deutsch: die Kunst des schrittweisen Vorgehens, bezeichnet hat – nämlich eine überzeugende Vorstellung davon, worauf das Projekt der europäischen Vereinigung am Ende hinauslaufen soll.

Eurobonds: Sind sie wirklich eine Erfindung des Teufels, um das mustergültige Deutschland in eine Mithaftung für den Verschuldungsstrudel chronisch unzuverlässiger südlicher Mitgliedsstaaten der EU hineinzulocken? Oder könnten sie, wenn man es richtig macht, vielleicht doch ein ernst zu nehmendes Instrument sein, um den Zockern und Spekulanten der Finanzwelt endlich ihr Geschäft zu verderben? Für beide Schlussfolgerungen gibt es genügend viele hochgestellte Befürworter, wie den großen Europäer Jean-Claude Juncker als dezidierten Anhänger und den Präsidenten der Deutschen Bundesbank, Jens Weidmann, als ebenso entschiedenen Warner. Keiner von ihnen hat jedoch je in Abrede gestellt, dass es sich allemal lohnt, ernsthaft über das Für und Wider nachzudenken. Die Bundeskanzlerin hingegen hat immer wieder verbissen versucht, die deutsche Öffentlichkeit mit einem an ihren Amtsvorgänger Gerhard Schröder erinnernden »Basta« glauben zu machen, dass sie sich niemals und um keinen Preis auf derartige Abenteuer einlassen werde – obwohl sie in ihrem Innersten wissen musste, dass dies eines nicht allzu fernen Tages unvermeidlich sein wird (und als Folge der im Herbst 2012 beschlossene Bereitschaft der Europäischen Zentralbank, unter gewissen Bedingungen Staatsanleihen der Mitgliedsländer aufzukaufen, ohnehin einen deutlichen Schritt nähergerückt ist). Oder die »Transferunion«: Was ist das eigentlich? Besorgt wurde uns immer wieder weisgemacht, sie liefe unvermeidlich darauf hinaus, dass jene chronisch unzuverlässigen Mitgliedsstaaten der Eurozone, die rücksichtslos die öffentlichen Gelder verschwenden, durch laufende Plünderung unserer eigenen Kassen am Leben erhalten werden. Richtigstellungen, mit denen die Unhaltbarkeit solcher Befürchtungen nachgewiesen wurde, zählten nichts – das Schlagwort schien offensichtlich stark genug zu sein, um darauf hoffen zu dürfen, dass das dumme Wahlvolk es beim nächsten Urnengang honorieren wird. Der nächste Schritt auf dem Weg zum endgültigen Verlust der eigenen Glaubwürdigkeit schien demgegenüber wenig zu wiegen. In Wahrheit hat sich nämlich die Eurozone längst zu einer Transferunion entwickelt – und das nicht nur aus guten Gründen, sondern mit Erfolg.

Nüchtern gesehen bedeutet der Begriff, dass ein Geberland Geld oder sonstige geldwerte Leistungen auf ein Empfängerland überträgt, ohne dafür einen Ausgleich zu erhalten. Unter anderem ist das zweifelsfrei der Fall, wenn Mitgliedsländer der Eurozone die Mithaftung für Schulden eines (oder mehrere) der Partnerländer übernehmen. Das aber ist zum Beispiel längst dadurch geschehen, dass die EZB, für die Deutschland mit seinem Kapitalanteil von 27 Prozent haftet, Staatsanleihen anderer Staaten in Höhe von mehr als 200 Milliarden Euro in ihren Büchern führt. Wir haften also mit mehr als 50 Milliarden Euro für diese Schulden. Im Klartext bedeutet das nichts anderes, als dass wir zugunsten der beteiligten Schuldnerländer eine Last übernommen haben, ohne dafür irgendeine – geschweige denn eine gleichwertige – Gegenleistung zu erhalten. Der Erfolg besteht allerdings darin, dass ohne ein solches Eingreifen der EZB das Währungssystem mit einer nicht geringen Wahrscheinlichkeit – und durchaus zu unserem eigenen Schaden – zusammengebrochen wäre. Mit anderen Worten: Zumindest die Eurozone trägt ohnehin längst alle Merkmale eben einer solchen Transferunion.

Manche neigen dazu, diese unbestreitbare Situation als eine Art Schönheitsfehler zu interpretieren, der sich nur durch die hektischen Begleiterscheinungen der Krise des Jahres 2011 entschuldigen lässt. Dahinter verbirgt sich eine Einstellung, die zeigt, wie schwerwiegend die Meinungsunterschiede darüber sind, was eigentlich der tiefere Sinn einer gemeinsamen Währung ist und was letzten Endes mit ihr erreicht werden soll. Man kann die Kontroverse durchaus auf den Punkt bringen, indem man sie in eine ganz einfache Frage fasst: Geht es einzig und allein darum, mit dem Instrument der Währung die wirtschaftlichen Interessen von (wenigstens einigermaßen) vergleichbar starken Partnerstaaten gemeinsam zu verteidigen – oder dürfen damit zugleich Ansätze verbunden werden, weniger starken Partnern dabei zu helfen, zu den anderen aufzuschließen? Im letzten Sinne wird die Antwort freilich erst dann ausfallen können, wenn zuvor überzeugend klargestellt wird, dass die beteiligten Europäer im Ergebnis im weltweiten politischen und wirtschaftlichen Wettbewerb gemeinsam stärker dastehen werden als bei einer kleinmütigen Bevorzugung ihrer kurzfristigen Interessen.

*

Kaum eines derjenigen Länder, für deren Schulden gehaftet werden soll, hat bisher seine Schulaufgaben in Angriff genommen, zumindest verdient kaum eines gute Noten. Das gilt für den Verkauf staatlichen Eigentums an eine Unzahl von Firmen, es gilt für die Bereinigung einer teilweise unvorstellbar chaotischen öffentlichen Verwaltung. Es gilt für die Korruption und es gilt für den Mut, auf der Grundlage einer wirksamen Steuerverwaltung den eigenen wohlhabenden Bürgerinnen und Bürgern kräftige Beiträge zum Abbau der aufgelaufenen Schulden abzuverlangen, anstatt weiter tatenlos zuzusehen, wie sie ihr Geld ins Ausland schaffen. Noch auf Jahre hinaus wird zähe Beharrlichkeit gefordert sein, um manche der traditionell schwächeren Mitgliedsländer davon zu überzeugen, dass es sich bei der Notwendigkeit, unter bitteren Opfern – und womöglich ständiger Überwachung durch einen »Kommissar« der EU – den aufgelaufenen öffentlichen Schuldenberg abzubauen, um alles andere als nur um einen arroganten deutschen Stabilitätswahn handelt. Gelingen kann das nur auf der Grundlage gemeinsamer politischer Überzeugungen. Sie glaubhaft darzustellen ist und bleibt aber die historische Aufgabe der politischen Führung in ausnahmslos allen beteiligten Ländern – und genau daran hat es bisher so bitter gefehlt.

Wörtlich heißt es im Artikel 107 des Grundgesetzes der Bundesrepublik Deutschland: »... ist sicherzustellen, dass die unterschiedliche Finanzkraft der Länder angemessen ausgeglichen wird. Und in Artikel 72 ist ausdrücklich die Rede von der »Herstellung gleichwertiger Lebensverhältnisse« als Aufgabe des Bundes. Das Bundesverfassungsgericht hat sich später mehrfach mit der Frage befasst, was – unter Berücksichtigung von zwangsläufig vorgegebenen Unterschieden – im Einzelnen unter solchen »gleichwertigen Lebensverhältnissen« zu verstehen ist. Den Grundgedanken der beiden Auflagen des Grundgesetzes hat jedoch bisher noch niemand ernsthaft infrage gestellt – auch nicht diejenigen sogenannten »Geberländer«, die mit verständlicher Hartnäckigkeit immer wieder darauf dringen, dass ihre Ausgleichszahlungen an strenge Auflagen für die »Empfängerländer« gebunden werden. Bis heute warte ich jedenfalls vergebens auf eine verständliche Erklärung, was diesen innerdeutschen Mechanismus eigentlich so grundsätzlich von einer europäischen Transferunion unterscheiden soll. Nicht anders als bei den Überlegungen über die stabile Gestaltung einer weltweit wettbewerbsfähigen Währungszone mit dem Euro ging (und geht) es nämlich darum, dass den Ländern mit einem hohen Steuereinkommen auferlegt wird, ihre Mittel zunächst einmal mit den schwächeren Ländern zu teilen.

Ein so kluger und bedachtsamer Beobachter wie Joseph Stiglitz, der amerikanische Nobelpreisträger, hat längst erläutert, warum es im gemeinsamen Interesse aller Beteiligten, der »Reichen« wie der »Armen«, liegt, einen solchen Weg zu gehen. Bei uns hingegen ist das Geschrei groß, mit dem dies als »Teufelszeug« abgetan zu werden pflegt. Besonders laut ertönt es aus Bayern. Begleitet wird es regelmäßig von der Warnung, dass die chronisch leichtfertigen politischen Rivalen dabei seien, das durch seinen einzigartigen Fleiß reich gewordene bayerische Volk zugunsten der sattsam bekannten europäischen Mitgliedsländer ausbeuten zu lassen. Gnädig übersehen wird dabei nur, dass der Freistaat Bayern über ganze 35 Jahre hinweg, von 1950 bis 1985, selbst Empfängerland im bundesdeutschen Finanzausgleich gewesen ist – also seinen heutigen Wohlstand keineswegs nur der (unbestreitbaren) eigenen Leistung, sondern durchaus auch der Unterstützung durch die einstmals reicheren Bundesländer verdankt.

Um nichts anderes aber geht es. Eine Transferunion, richtig verstanden, ist keine Erfindung des Gottseibeiuns. Gebunden an genau definierte Voraussetzungen, deren Erfüllung vorbehaltlos offengelegt wird und dadurch für jedermann nachvollziehbar ist, kann sie vielmehr einen unverzichtbaren Baustein für die wirtschafts-, sozial- und allgemeinpolitische Kräftigung der bisher schwächeren Mitgliedsländer der EU bilden – und damit entscheidend zur Festigung unseres eigenen Wohlstands beitragen. Umgekehrt gibt es allerdings auch ein verlässliches Totschlagargument, das jederzeit zur Hand ist, wenn man zu feige ist, den Stammtischen die Wahrheit zu sagen. Im Verlauf der quälenden Verhandlungen zur Rettung des Euro vor der europäischen Schuldenkrise hat Angela Merkel damit – ich vermute wider besseres Wissen – die Partnerregierungen oft genug an den Rand der Verzweiflung getrieben. Dieses Argument lautet, dass Deutschland unter keinen wie auch immer gearteten Umständen bereit sein werde, weitere Hilfsmaßnahmen auch nur in Betracht zu ziehen, bevor nicht die »Sünderländer« (wie Spanien oder Italien, von Griechenland, Portugal oder Irland ganz zu schweigen) ihre Staatshaushalte von Grund auf saniert hätten.

Lassen wir dabei ruhig einmal beiseite, zu welchen nahezu wahnwitzigen Verirrungen es führen kann, wenn man sich blindwütig auf vermeintliche Patentrezepte verlässt. Die monatelangen Strafexpeditionen der berüchtigten »Troika« in Griechenland werden womöglich eines Tages als abstoßendes Beispiel dafür in die Geschichte eingehen. Wer alle Ratschläge in den Wind schlägt und unbeirrbar darauf beharrt, dass einzig und allein das Sparen um jeden Preis die griechische Misere heilen könne, muss wissen, dass am Ende der Patient tot sein wird. Keine Volkswirtschaft dieser Erde, mag sie noch so hoffnungslos ruiniert scheinen, wird je zu neuem Leben erweckt werden, indem man einer großen Mehrzahl der einfachen Menschen ihre primitivsten Existenzmöglichkeiten nimmt. Mit anderen Worten: In Wirklichkeit wäre es von vornherein angebracht gewesen, den gewählten griechischen Politikern aktiv – und das heißt auch mit finanzieller Unterstützung – dabei zu helfen, als Erstes ihr Staatswesen als solches zu gesunden und sodann ihre Wirtschaft wieder in Gang zu bringen.

Doch eine solche Art von Weitsichtigkeit ist offensichtlich nicht nur der deutschen Bundesregierung fremd. Inzwischen hat zwar der neu gewählte französische Präsident ebenso vorsichtig wie unmissverständlich begonnen, die entsprechende politische Linie seines Amtsvorgängers zu korrigieren. Ob er damit vor dem Hintergrund der finanziellen Stabilität des eigenen Landes Erfolg haben wird, muss abgewartet werden. Die Bundesregierung jedenfalls zeichnet sich lieber durch unentschlossene Ratlosigkeit aus. Stattdessen überlässt man das Feld den Stammtischpolitikern aus der Schwesterpartei CSU und den einschlägigen Kommentatoren, die überlegen lächelnd zu wissen vorgeben, dass das Schicksal Griechenlands als Mitglied der Eurozone ohnehin besiegelt sei.

Ein besseres Beispiel dafür ist jedenfalls kaum denkbar, wie man sich aus populistischer Rücksichtnahme in den eigenen Argumenten verstricken und am Ende in die Falle manövrieren kann. Anstatt offen und überzeugend zu begründen, warum das Zusammenwachsen Europas in unserem ureigenen lebenswichtigen Interesse liegt und wir genau deswegen – sofern sich die Empfänger unter Androhung empfindlicher Sanktionen zu einer streng überwachten Haushaltsdisziplin verpflichten – grundsätzlich bereit sein müssen, weitere Opfer zu schultern, ist der Bundesregierung jedenfalls nichts anderes als der Versuch eingefallen, durch störrisches Aussitzen unsere nationalegoistischen deutschen Vorstellungen durchzusetzen.

Bei nahezu jeder sich bietenden Gelegenheit hat die Bundeskanzlerin versucht, der deutschen Öffentlichkeit ihre unbeugsame Härte vorzuspielen. So konnten uns die einschlägigen Massenmedien – allen voran die *Bild*-Zeitung – immer wieder mit dramatischen Appellen davor warnen, den angeblichen Zockerstaaten Griechenland, Spanien, Italien, Portugal oder Irland unser hart verdientes Geld in den Rachen zu werfen. Herausgekommen ist trotzdem regelmäßig genau das, was Deutschland zuvor abgelehnt hatte. Mit einem nicht geringen Schuss Ironie könnte man darin freilich auch das Ergebnis einer bewundernswerten staatsmännischen Leistung sehen: des nahtlosen Zusammenspiels zwischen der deutschen und der damaligen französischen Führung. Erzielt wurde es um einen Preis, der sich noch als äußerst gefährlich für die weitere europäische Vereinigung herausstellen kann: die inzwischen bei vielen fest gefügte Überzeugung, dass sich Deutschland – mit Frankreich als willfährigem Anhängsel – vermittels der Hebelwirkung seiner wirtschaftlichen Stärke die Rolle einer »Führungsmacht« anzumaßen versuche.

Gewiss wäre treuherzige Blauäugigkeit fehl am Platze, wo es um die Durchsetzung demokratisch legitimierter politischer Überzeugungen und Ziele geht. Besser als am Beispiel der europäischen Schuldenkrise kann jedoch nicht deutlich gemacht werden, wohin es führt, wenn versucht wird, den Wählerinnen und Wählern etwas vorzutäuschen, anstatt ihnen offen zu sagen, worum es wirklich geht – vorausgesetzt, man hat tatsächlich eine Vorstellung davon, wohin die Reise zum Schluss führen soll. Schneller als gedacht sitzt man dann in einer Falle, die man sich selbst gestellt hat: Niemand glaubt einem mehr, dass Vorleistungen zugunsten anderer Länder in Wirklichkeit keine Opfer bedeuten müssen, sondern dass es sich um Beiträge zur fortschreitenden Vereinigung Europas handelt, die in unserem ureigenen Interesse liegen.

*

Zu dem fatalen Eindruck, dass sich Deutschland darin gefalle, als europäische Führungsmacht aufzutreten, gesellt sich im Übrigen nicht nur bei uns selbst, sondern in weiten Teilen der Mitgliedsländer das Gefühl, dass für die politischen Führungspersönlichkeiten letzten Endes nur ein Interesse im Vordergrund steht: der Erhalt ihrer eigenen Macht. Soll das Kind nicht endgültig in den Brunnen fallen und Europa (mit Deutschland und Frankreich als den beiden größten Volkswirtschaften an der Spitze) nicht einem ungewissen Schicksal entgegen schlingern, wird es dagegen allerhöchste Zeit, endlich wieder mit Mut und Überzeugungskraft nach vorn zu schauen. Dabei wird es nicht weiterhelfen, diese Eigenschaften nur vorzutäuschen. Längst haben die Menschen gelernt zu unterscheiden. Sie spüren sehr genau, ob sie als mündige Bürgerinnen und Bürger behandelt werden, ob offen und ehrlich mit ihnen gesprochen wird – oder ob sie es mit den üblichen trickreichen Vernebelungsversuchen professioneller Politikvermarkter zu tun haben, die meinen, ihre Umfragewerte dadurch verbessern zu können, dass sie sich selbst loben und dem politischen Gegner die Schuld für alles Negative in die Schuhe schieben.

Was die Diskussionen über die Zukunft des Euro angeht, gehört zu diesen Ritualen eine von Anfang an – wir sprachen schon davon – regelmäßig wiederholte Behauptung. Sie lautet, dass man leider einen Geburtsfehler der gemeinsamen Währung vorgefunden habe. Dafür sei man zwar in keiner Weise verantwortlich, müsse aber nun einmal damit leben. Festgemacht wird er daran, dass man es seinerzeit – im Vertrag von Maastricht und später bei der tatsächlichen Einführung des Euro – leichtfertig versäumt habe, sich zuvor auf eine weitgehende politische, wirtschaftliche und finanzwirtschaftliche Vereinigung der beteiligten Staaten zu verständigen. Hinter solchen Argumenten steckt freilich nichts anderes als der durchsichtige Versuch, die eigenen Hände in Unschuld zu waschen. Elegant verschwiegen wird hingegen, dass es sich von Anfang an um ein nachgerade klassisches Beispiel für die bekanntlich auf ewig offen bleibende Beantwortung der Frage handelte, was zuerst da war: die Henne oder das Ei.

Lange Zeit herrschte bei allen Diskussionen über die mögliche Einführung einer gemeinsamen Währung in der Tat die sogenannte Krönungstheorie vor. Sie besagt, dass die bestehenden europäischen Gemeinschaftseinrichtungen zunächst zu einer weitgehenden politischen Union ausgebaut werden müssten. Konkret: Es müsste gesichert sein, dass sich die Mitgliedstaaten gemeinsam getroffenen Entscheidungen über Fragen der staatlichen Haushalte unterwerfen (auf der Einnahmenseite vor allem mit einem einheitlichen Steuersystem, bei den Ausgaben hinsichtlich der großen Budgetbereiche wie der Verteidigungs-, der Wirtschafts- und der Sozialpolitik), bevor schließlich die Einführung einer gemeinsamen Währung eine solche politische Integration sozusagen »krönte«. Dagegen stand seit jeher die (nicht zuletzt nach der deutschen Wiedervereinigung durch Frankreich vertretene) »Motortheorie«. Sie ging umgekehrt davon aus, dass erst die Einführung einer gemeinsamen Währung genügend Druck auf die beteiligten Regierungen ausüben werde, sich zu ernsthaften Fortschritten in Richtung auf eine politische Union und damit zur Abgabe wesentlicher Teile ihrer staatlichen Souveränität an die europäischen Instanzen zu bequemen – und Helmut Kohl ist es zu verdanken, dass sich diese Einschätzung schließlich mit dem Abschluss des Maastricht-Vertrages durchsetzte.

Groß (und subjektiv verständlich!) ist in der Zwischenzeit das Triumphgeheul derjenigen, die von Anfang an der »Krönungstheorie« angehangen haben. Dazu zählen – wie sollte es auch anders sein? – keineswegs nur Politikerinnen und Politiker, sondern vor allem eine ganze Reihe (weiblicher wie männlicher) Vertreter jenes akademischen Berufszweiges, der sich im Alleinbesitz volkswirtschaftlichen Durchblicks wähnt und dementsprechend in den gängigen Talkshows mit dem Anspruch unumstößlichen Wissens aufzutreten pflegt. Als Nachweis dafür, dass man mit dem eigenen Urteil immer schon richtig gelegen habe, wird dann regelmäßig und mit erhobenem Zeigefinger auf das Fiasko abgehoben, das wir im Verlauf des mühseligen Ringens um die Rettung des europäischen Währungssystems vor der bevorstehenden Katastrophe miterleben müssen. Nie wäre Europa – so lautet die Schlussfolgerung – in eine derartig lebensgefährliche Krise hereingestolpert, hätte man nur auf den Rat dieser Weisen gehört und nicht voreilig den Euro als gemeinsame Währung eingeführt, ohne dass zuvor in ausnahmslos allen Teilnehmerländern die erforderlichen politischen und wirtschaftlichen Voraussetzungen geschaffen waren.

Ich gestehe, dass ich die Argumentation der »Krönungstheorie« trotzdem von Anfang an für nichts anderes als das

Geschwätz politischer Dilettanten gehalten habe – und unverändert auf dieser Einschätzung beharre. Zwar liegt es auf der Hand, dass es ohne die Einführung des Euro auch keine Krise des Euro gegeben hätte. Mit einer solchen Tautologie ist jedoch noch lange nicht erwiesen, wie die beteiligten Europäer heute ohne die gemeinsame Währung wirtschaftlich und politisch dastehen würden. Das gilt keineswegs nur, aber ganz sicher in allererster Linie auch für Deutschland. Genau deswegen verdient es auch der damalige Bundesfinanzminister Theo Waigel, dass wir gemeinsam den Hut vor ihm ziehen: Er war es, der seinerzeit gegen vielfältige Widerstände durchgesetzt hat, dass die Einführung des Euro an beachtliche Stabilitätsanforderungen für die öffentlichen Haushalte der ursprünglichen Mitgliedsländer – und damit durchaus schon in Richtung auf eine politische Union – gebunden wurde (was allerdings nicht ausschließt, dass es, wie gesagt, gerade Frankreich und Deutschland waren, die sich als Erste nicht daran gehalten haben, ganz zu schweigen von der nachgerade sträflichen Leichtfertigkeit, mit der bei der Aufnahme neuer Mitgliedsländer darüber hinweggesehen wurde).

Das mühselige Tauziehen um die Rettung des Euro, das uns seit 2010 einen mit täglich neuen Spannungen aufgeladenen Kriminalroman beschert hat, sollte im Übrigen selbst den größten Skeptikern klargemacht haben, wie mühselig es ist, auf dem Weg zu einer politischen Union und dem damit verbundenen Verzicht auf nationale Souveränitätsrechte auch nur die bescheidensten Fortschritte zu erzielen. Die Ende 2011 in Brüssel gefassten Beschlüsse der Staats- und Regierungschefs zur Schaffung eines sogenannten »Fiskalpakts« sind, nicht anders als die im Sommer 2012 auf den Weg gebrachte Vorbereitung für den Ausbau des »Europäischen Sicherheitsmechanismus« (ESM) und für die Einrichtung einer »Bankenunion«, insofern ausreichend Beleg dafür, als sich diese löblichen Absichten bis zum Ende des vergangenen Jahres – mit Ausnahme des Arbeitsbeginns des ESM – immer noch nicht in endgültig verbindlichen Maßnahmen niedergeschlagen haben. Zustande gekommen sind aber auch diese Absichtserklärungen schließlich nur, weil inzwischen wohl ausnahmslos alle Beteiligten – mit Ausnahme der wieder einmal aus der Reihe ausgescherten Briten – begriffen haben, wie weit uns das Wasser am Hals steht. Gewiss war der Streit, den wir bis dahin miterleben mussten, war das Gefeilsche mancher Mitgliedsländer um wirkliche oder vermeintliche Sondervorteile nicht nur frustrierend, sondern teilweise wahrhaft abstoßend. Doch kann man vor diesem Hintergrund wirklich noch ernsthaft behaupten, dass ohne den Druck der Schuldenkrise jemals die Chance bestanden hätte, sich auf irreversible Maßnahmen zur Realisierung einer wirtschafts-, finanz- und sozialpolitischen Union zu einigen?

Wie dem auch sei: Längst geht es bei dem Streit zwischen den beiden Theorien nur noch um des Kaisers Bart. Tatsache ist: Wir haben den Euro – und unausweichlich erzwingt er die fortschreitende politische Vereinigung der beteiligten Europäer. Über den Weg, der erfolgreich zum Ziel führt, darf, ja muss freilich weiter gestritten werden. Populistische Ratschläge von ewigen Besserwissern aus Bayern oder von verzweifelten Politikern aus den Reihen der vom Absturz bedrohten FDP wird es, genau wie Patentrezepte von chronischen Talkshow-Weisen, auch künftig geben. Beide, der notwendige öffentliche Streit ebenso wie verführerische Heilsversprechen, werden zur Folge haben, dass der welthistorische Rang der europäischen Vereinigung weiter auf dem Prüfstand bleibt, ja, dass das Projekt immer wieder neu Gefahr läuft, schließlich doch noch zu scheitern – es sei denn, dass uns das Glück beschieden wird, Persönlichkeiten wählen zu können, denen mehr als nur die Fähigkeit gegeben ist, zäh und beharrlich ihre Hausaufgaben zu erledigen.

VIII.

DAS ENDE DER NATIONALEN ALLEINGÄNGE

Regelmäßig finden überall auf der Erde Veranstaltungen statt, die bedeutsame Probleme der Gegenwart und Zukunft behandeln. Nicht wenige davon zielen darauf ab, die Kasse der Veranstalter zu füllen, indem sie die Eitelkeit der eingeladenen weiblichen oder männlichen Teilnehmer nutzen. Es gibt freilich Ausnahmen. Über lange Zeit zählte dazu das jährlich in Davos stattfindende Treffen international führender Persönlichkeiten aus Politik und Wirtschaft. Inzwischen gerät es zunehmend in Gefahr, in die Beliebigkeit des Medienrummels abzugleiten. Den Veranstaltern der sogenannten Münchener Sicherheitskonferenz hingegen ist es bisher erfolgreich gelungen, das weltweit beachtete Zusammentreffen vor einem ähnlichen Schicksal zu bewahren. Es geht dabei um einen breit angelegten Gedankenaustausch über die Möglichkeiten der Friedenssicherung überall dort, wo gegensätzliche Machtinteressen militärische Auseinandersetzungen auslösen könnten (oder wo dies bereits geschehen ist). Umso bedenkenswerter sind die Ergebnisse des Anfang 2012 stattgefundenen Treffens.

Während der gesamten zweiten Hälfte des 20. Jahrhunderts (genauer: zwischen dem Ende des Zweiten Weltkriegs, also seit 1945, bis zum Ende des Kalten Kriegs, also etwa bis 1990) waren die USA Schutz- und Führungsmacht der westeuropäischen Länder. Das galt sowohl in wirtschaftlicher als auch in militärischer Hinsicht. Spätestens seit dem Amtsantritt von Präsident Barack Obama zu Anfang des Jahres 2009 hat sich dies grundsätzlich geändert. Zwar geht es nicht darum, die traditionelle Bindung an Europa – und schon gar nicht die Wertegrundlagen der westlichen Welt – aufzukündigen. Trotzdem handelt es sich um eine grundlegende strategische Neuausrichtung der amerikanischen Politik. Sie richtet sich auf die künftige Bedeutung des asiatischen Raums mit dem Pazifischen Ozean als Mittelpunkt. Dank der steigenden Eigenversorgung mit Öl und Erdgas gehen die USA dabei davon aus, dass ihre frühere Abhängigkeit von den Erzeugerstaaten im Mittleren Osten künftig deutlich zurückgehen wird. Hinzu kommt die Überzeugung, dass die Europäer, die inzwischen auch im Osten des Kontinents von Unterdrückung befreit sind, ihr künftiges weltpolitisches Schicksal ohne weitere amerikanische Unterstützung selbst in die Hand nehmen müssen. Begleitet wird diese neue Strategie im Übrigen von einer erkennbar ungeduldigen Überheblichkeit gegenüber der vermeintlichen europäischen Zaghaftigkeit – was freilich nicht darüber hinwegtäuschen sollte, dass es zugleich um den taktischen Versuch geht, einen willkommenen Abwehrwall gegen die befürchtete wirtschaftliche Konkurrenz der Europäer aufzuschütten.

Jedenfalls ist seit dieser Münchener Konferenz unmissverständlich klar geworden, dass die USA von den Europäern künftig erwarten, eine weit größere sicherheitspolitische Verantwortung zu übernehmen, als das je zuvor der Fall war. Abgesehen von der befürchteten nuklearen Bewaffnung des Iran, zu deren Verhinderung man sich auch weiterhin unmittelbar aufgerufen fühlt, gilt dies ganz besonders für die Entwicklung im Nahen und Mittleren Osten und in den nordafrikanischen Ländern.

Jeder, der auch nur ein wenig zu hören und zu verstehen vermag, weiß, was das bedeutet: Europa wird den Anschluss an die wirtschaftliche und politische Entwicklung verlieren, wenn seine Mitgliedsländer meinen, sich einzig und allein auf das Ziel einer finanziellen Stabilität des Euro als ihrer gemeinsamen Währung beschränken zu können. Keinem, auch nicht uns Deutschen, wird es in Zukunft allein auf sich gestellt gelingen, die eigenen politischen Interessen – und dazu zählt nicht zuletzt die eigene Sicherheit – gegenüber den anderen großen Mitspielern im Weltkonzert zu wahren und durchzusetzen. Erreicht werden kann dies nur, wenn wir uns endlich entschließen, unsere Kräfte zu bündeln, also nicht nur in wirtschafts- und sozialpolitischer, sondern auch in sicherheitspolitischer Hinsicht vereint aufzutreten.

Angela Merkel, ich wiederhole es, verdient durchaus Bewunderung dafür, mit welcher Hartnäckigkeit und Beharrlichkeit sie auf finanzpolitische Solidität aller beteiligten Partner gedrungen hat, um den Euro am Leben zu erhalten und damit die Chancen für eine nicht mehr umkehrbare Vereinigung Europas zu wahren. Das Gleiche gilt für die Konsequenzen aus den nun wahrhaft lebensgefährlichen beiden Krisen der zurückliegenden Jahre, der durch die amerikanische Immobilienblase ausgelösten Krise des weltweiten Finanzsystems und der sich anschließenden Schuldenkrise der europäischen Staaten. Als eine der wenigen aus dem Kreis der Staats- und Regierungschefs hat die Bundeskanzlerin, mit tatkräftiger Unterstützung durch ihren Finanzminister, von Anfang an und immer wieder neu darauf hingearbeitet, dass zumindest die Mitgliedsstaaten des Euroraums – wenn nicht gar diejenigen der gesamten Europäischen Union – künftig zwingend eine in ihren wesentlichen Grundzügen einheitliche Wirtschafts- und Finanzpolitik realisieren.

Heute hat es fast den Anschein, als sei diese Zielsetzung unumkehrbar geworden. Doch selbst wenn es dabei bleiben sollte: Das reicht eben nicht. Ein vereintes Europa, wenn es den Namen verdienen und noch rechtzeitig Wirklichkeit werden soll, bedarf mehr als nur der handwerklichen Beharrlichkeit und Zielstrebigkeit. Gefragt ist die Fähigkeit, eine breite Mehrheit der Wählerinnen und Wähler ebenso glaubhaft wie beständig davon zu überzeugen, dass hinter allem – auch künftig unvermeidlichem – Tauziehen, ja Feilschen, ein großes Ziel steht, ein Ziel, bei dessen Durchsetzung Rückschläge unvermeidlich sind, für das Kompromisse in Kauf genommen werden müssen, vor allem aber ein Ziel, dessen Erreichen spürbare eigene Opfer erfordern wird. An ebendieser Fähigkeit aber hat es bisher kläglich gefehlt, vielleicht nicht in allen, aber doch in allzu vielen der Mitgliedsländer – und leider auch in Deutschland.

Die Bundeskanzlerin als nüchtern-pragmatische Handwerkerin: Den einen oder anderen Schritt nach vorn hat sie auf diese Weise zweifellos erreicht, den einen oder anderen Schiffbruch verhindert. Dass die Vereinigung Europas von einer begeisternden Vision getragen sein muss, das allerdings hat sie weder durch ihr Handeln noch durch ihr Auftreten jemals überzeugend zu vermitteln vermocht.

Noch einmal: Ohne die Nüchternheit, den Pragmatismus und die Beharrlichkeit von Angela Merkel hätte die Griechenlandkrise durchaus in einer wahrhaften europäischen Katastrophe enden können. Ihre unterkühlte Behandlung nicht nur der Sachfragen, sondern genauso auch ihr Umgang mit den Partnern hat hingegen für jedermann immer wieder deutlich gemacht, wie schwer es ihr fällt, zu verstehen, dass sich politische Führung, wenn es um die grundlegende Gestaltung der Zukunft geht, nicht darauf verlassen darf, die Bürgerinnen und Bürger allein mit Argumenten des Verstandes überzeugen zu können. Meisterschaft beim Spiel um die Macht, ob im Inneren oder im Äußeren, mag über eine lange Wegstrecke hinweg Erfolg versprechen. Eine Leistung zu vollbringen, die vor der Geschichte Bestand hat – dafür reichen weder biederer Starrsinn noch der Mut zur Unpopularität aus ...

Auf der europäischen Tagesordnung steht, ob wir es wahrhaben wollen oder nicht, weit mehr als nur die sogenannte Eurokrise und ihre Folgen. Noch immer hat die überwiegende Mehrzahl der Mitgliedsländer in der EU nicht wirklich begriffen, dass die Zeit unwiderruflich zu Ende ist, in der sie meinen durften, ihren nationalen Interessen am besten durch Alleingänge auf den Gebieten der Außen- oder gar der Verteidigungspolitik dienen zu können. Ganz im Gegenteil: Immer wieder scheint für die jeweils regierenden Politikerinnen und Politiker die Versuchung unwiderstehlich zu sein, ihrem Wahlvolk eine heile Welt vorzugaukeln, indem sie ihm weiszumachen versuchen, dass es nicht sie selbst, sondern allein die jeweils anderen sind, die sich gefälligst am Riemen zu reißen haben.

Genau dieses Prinzip des »Hannemann, geh' du voran« pflegt keineswegs nur dann das Denken und Handeln zu vernebeln, wenn die eigenen wirtschaftlichen Interessen auf dem Spiel stehen. Nicht weniger deutlich rückt es in den Vordergrund, sobald außenpolitische oder gar militärische Fragenkomplexe auf die Tagesordnung kommen, bei denen – vermeintlich oder wirklich – mit negativen Zensuren der eigenen Bevölkerung zu rechnen ist. Stattdessen wären Offenheit, Mut und Überzeugungskraft gefragt. Das übliche Taktieren und Reden um den heißen Brei mag zwar dem eigenen Machterhalt – gegenüber innerparteilichen Konkurrenten oder bei den nächsten Wahlen – dienlich sein. Für das Zusammenwachsen Europas ist es regelmäßig Gift. Gleich zu Anfang, nach dem so hoffnungsvollen Beginn in Tunesien, ist das am Beispiel des »Arabischen Frühlings« und seines Verlaufs in Libyen lehrreich zu besichtigen gewesen. Die Folgen dauern unverändert bis heute an, weil die Europäer nicht imstande sind, endlich ihr von vielen unmittelbar Beteiligten (leider bisher fälschlich) erwartetes Gewicht auf die Waagschale zu werfen und ernsthaft dazu beizutragen, dass der epochale Wandel in Nordafrika und im Nahen Osten tatsächlich gelingt, anstatt im Sand von Einzelinteressen zu ersticken.

Ursächlich für diese wahrhaft traurige Entwicklung ist nicht zuletzt das Fehlen einer auch nur im Entferntesten überzeugenden außenpolitischen Konzeption der bisherigen Bundesregierung. Abwarten, Zögern, Warnen, Vorsicht: Niemand wird leugnen, dass solches Verhalten angebracht sein kann, wenn die Gefahr besteht, unbedacht in kriegerische Auseinandersetzungen verstrickt zu werden. Doch genau wie bei der Eurokrise können sie auch auf dem Gebiet der Außenpolitik in keiner Weise das Fehlen einer klaren Vorstellung ersetzen, worauf das eigene Handeln eigentlich am Ende hinauslaufen soll. Mit anderen Worten: Pragmatische Flickschusterei kann zwar hie und da hilfreich sein, über augenblickliche Schwierigkeiten hinwegzutäuschen oder auch gefährliche Fallstricke zu vermeiden – ohne ein dahinter stehendes grundlegendes Konzept können jedoch allenfalls glückliche Umstände einen Scherbenhaufen verhindern.

Als der damalige Bundeskanzler Gerhard Schröder dem amerikanischen Präsidenten George W. Bush die Gefolgschaft für seinen wahnwitzigen Irak-Feldzug verweigerte, schien es Angela Merkel angebracht, sich in Washington anzubiedern, indem sie der damaligen Bundesregierung deren angeblich mangelnde Bündnistreue vorwarf. Inzwischen selbst in der Regierungsverantwortung stehend, verweigerte sie sich, zusammen mit ihrem famosen Außenminister, dem Beschluss der NATO zur Unterstützung des auf Freiheit und Demokratie zielenden libyschen Aufstands mit dem Argument, dass sich Deutschland aus verfassungsrechtlichen Gründen ausschließlich zu Zwecken der Verteidigung an militärischen Interventionen beteiligen dürfe. Für die gesamte Weltöffentlichkeit sichtbar stand jedoch hinter diesem Beschluss nichts anderes als die rein populistische Rücksichtnahme auf eine angenommene Stimmungslage in der eigenen Bevölkerung. Herausgekommen ist dabei, dass Frankreich und Großbritannien frei waren, im Alleingang und ohne Rücksicht auf gemeinsame europäische Interessen ihren eigenen politischen und wirtschaftlichen Vorteil wahrzunehmen.

Seit diesem nahezu schändlichen Beispiel für nationale deutsche Kurzsichtigkeit ist es im weiteren Verlauf der Entwicklung im Nahen und Mittleren Osten längst zu einer allseits unterstellten Selbstverständlichkeit geworden, dass von einer gemeinsamen europäischen Politik nirgendwo die Rede sein kann. Das gilt für Ägypten und den Jemen genauso wie für Syrien – von dem israelisch-palästinensischen Thema oder gar dem Iran-Problem ganz zu schweigen (wofür bekanntlich nur der deutsche Großschriftsteller Günter Grass gedichtete Patentantworten bereithält). Offensichtlich gewarnt durch die Erfahrungen in Afghanistan und die einschlägigen Reaktionen in der Öffentlichkeit, ist zudem von der Bundeskanzlerin kaum noch etwas darüber zu hören, wie sich ihre Regierungskoalition eigentlich die Inhalte und Ziele einer gemeinsamen europäischen Politik zur Lösung der Probleme in dieser Region vorstellt. Außenminister Westerwelle hingegen, als Parteichef der FDP früher unübertroffen wortmächtig bei Polemiken jeder Art und Natur, fällt nur noch durch das sich staatsmännisch gebende Gehabe auf, mit bedeutungsvoller Miene alle Beteiligten zur Mäßigung zu mahnen.

Dabei gibt es genügend Anhaltspunkte dafür, wie differenziert sich die Situation in den betreffenden Ländern entwickelt. Zugleich mangelt es keineswegs an einem breiten Reservoir sachkundiger Beratung, das in allen beteiligten europäischen Ländern zur Verfügung stehen könnte. In Deutschland gilt dies beispielsweise für die Stiftung Wissenschaft und Politik mit ihrem zuständigen Bereichsleiter Volker Perthes oder für Journalisten wie den verantwortlichen *Zeit*-Redakteur Michael Thumann. Sie alle wissen genau, wie groß die Gefahr wäre, in eine ausweglose außenpolitische Falle zu laufen, wollte man die Geschehnisse in Tunesien, Libyen oder Ägypten – oder gar in dem so entsetzlich gestraften Syrien – über einen Kamm scheren und als Ausdruck eines umfassenden »Arabischen Frühling« missverstehen. Tunesien: ein Land, das unter dem Einfluss seiner jüngeren Geschichte immerhin über eine einigermaßen verlässliche Staatsverwaltung und in sozialer Hinsicht über einen gewissen Mittelstand verfügt; Libyen: gesegnet durch seine Ölvorkommen und mit guten Chancen für den Aufbau einer gesunden wirtschaftlichen Struktur, andererseits jedoch behindert durch die Zerrissenheit seiner Bevölkerung in eine Unzahl von ethnisch oder religiös nicht zueinander passenden

Stammes- und Familienclans; Ägypten: zwar mit einer erfahrenen, wenn auch zutiefst korrupten Verwaltung, zugleich aber belastet mit dem nahezu erdrückenden Problem einer riesigen und weiter explodierenden Zahl junger und gut ausgebildeter Menschen, die auf keine einigermaßen gesicherte wirtschaftliche und soziale Zukunft rechnen können; und Syrien: Opfer eines rücksichtslosen Diktators auf der einen, die vor nichts zurückschreckenden innerreligiösen Auseinandersetzungen fanatischer Islamisten auf der anderen Seite. Doch selbst dann, wenn in den verantwortlichen Regierungsspitzen der europäischen Staaten ausreichend verstanden werden sollte, dass sich die Voraussetzungen für die weitere politische Entwicklung in diesen Ländern eben grundlegend voneinander unterscheiden, folgt daraus noch lange nicht, dass sich die Einsicht in die zwingende Notwendigkeit durchsetzt, sich auf ein einheitliches politisches Verhalten der Europäer zu einigen.

*

Die Europäische Union und ihre Außenpolitik: unverändert verbirgt sich dahinter nichts anderes als ein Orchester, in dem die Mitglieder nach jeweils unterschiedlichen Noten spielen. Als Dirigentin hat man eine gewisse Lady Catherine Ashton ausersehen. Ihr wurde die ehrenvolle Aufgabe übertragen, die Kakophonie nationaler Interessen zur wohlklingenden Harmonie einer gemeinsamen Komposition zu formen. Zu diesem Zweck erlaubt man ihr sogar den Aufbau eines kleinen Stabs von abgestelltem Hilfspersonal. Ernsthafte Entscheidungsbefugnisse hat man ihr freilich sorgsam vorenthalten – sie liegen unverändert bei dem vielstimmigen Rat der Außenminister (oder gar der Staats- und Regierungschefs), dem es überlassen bleibt, jederzeit ein gemeinsames politisches Handeln zu verhindern und auf diese Weise willkommene Spielräume für die Wahrnehmung eigener nationaler Interessen zu eröffnen. Die Beispiele dafür lassen sich beliebig vermehren. Eines davon spricht eine besonders deutliche Sprache, zumal es sich dabei um eine Institution handelt, die in der Vergangenheit wahrlich eine geschichtlich bedeutsame Rolle gespielt hat: die NATO.

Bis zum Ende des Kalten Krieges waren sich alle ihre Mitgliedsstaaten nahtlos einig, dass es sich um ein Verteidigungsbündnis handelt. Es diente dem Schutz der freiheitlich-demokratisch organisierten Länder des »Westens« vor denkbaren militärischen Eroberungsgelüsten der sowjetisch dominierten Welt. Mit diesem Ziel verpflichtete es die Gemeinschaft als Ganzes zum Handeln, sobald einem der Mitglieder Gefahr drohen sollte. Einzig Frankreich hatte sich während der Präsidentschaft von Charles de Gaulle (und auch noch für eine längere Zeit danach) entschlossen, den militärischen Strukturen des Bündnisses fernzubleiben, weil es meinte, die für alle übrigen Mitglieder unbestrittene Führungsrolle der USA nicht akzeptieren zu können. Das hatte sich freilich nach dem Ende dieser bemerkenswerten Periode der französischen Geschichte wieder geändert, sodass schließlich alle Staaten der europäischen Gemeinschaft dem Bündnis angehörten. Doch nach dem Zusammenbruch des sowjetischen Reichs und der unmittelbar darauf einsetzenden Globalisierung wusste bald niemand mehr genau, welche Aufgaben die NATO zukünftig wahrnehmen soll. Der Ratschluss, auf den man verfiel, war, die Zukunft der bis dahin so erfolgreichen Organisation zu retten, indem man meinte, sie kurzerhand in eine Einsatztruppe verwandeln zu sollen, die zur Abwehr jeglicher Bedrohungen für die freiheitlich-demokratische Welt zur Verfügung steht.

Leider wurde jedoch versäumt, Klarheit darüber zu schaffen, was unter solchen Bedrohungen genau zu verstehen ist. Für den amerikanischen Präsidenten George W. Bush gehörte nicht nur der irakische Diktator Saddam Hussein dazu, sondern genauso selbstverständlich auch die Terrororganisation Al Kaida. Nur der störrischen Weigerung einiger Mitgliedsstaaten war es zu verdanken, dass die NATO am Ende nicht in weitere abstruse militärische Abenteuer der USA hereingezogen wurde. In die zumindest aus heutiger Sicht schier hoffnungslos erscheinende Bewältigung der Probleme in Afghanistan hat sie sich hingegen in einer Weise verstricken lassen, die nicht wenigen den Schlaf raubt.

Zaghafte Versuche, den Aufbau wirklich gemeinsamer europäischer Streitkräfte in die Wege zu leiten, hat es durchaus gegeben. Dazu zählte beispielsweise die Einrichtung einer (bis heute bestehenden) gemischt französisch-deutschen Einsatzbrigade. Begleitet wurden solche Versuche freilich von Anbeginn an von einem tiefen amerikanischen Misstrauen, getragen von der Befürchtung, dass auf diese Weise die Leitfunktion der USA im Rahmen der NATO ausgehöhlt werden könnte. Zu ernsthaft ins Gewicht fallenden Lösungen haben die entsprechenden Ansätze daher auch nie geführt. Im Zusammenhang mit der kritischen Entwicklung im Nahen und Mittleren Osten werden inzwischen die Folgen mehr als deutlich. Ganz besonders gilt dies für die beiden Problemfelder, die mit so viel gefährlichem Sprengstoff aufgeladen sind: das Verhältnis zwischen Israel und den Palästinensern auf der einen, den zu befürchtenden Aufbau eines nuklearen Waffenpotenzials durch den Iran auf der anderen Seite.

Die weltpolitische Bedeutung und das sich daraus herleitende Maß an Verantwortung bedürfen keiner näheren Erläuterung. Sie sind täglich in den Medien nachzuvollziehen. Den wenigsten dürfte hingegen bewusst geworden sein, wie stark unsere amerikanischen Verbündeten inzwischen die Europäer dazu drängen, sich wesentlich intensiver in die Bemühungen einzubringen, das Gefahrenpotenzial der beiden Krisenherde einzudämmen. Das ändert nichts daran, dass auch in dieser Hinsicht mit gezinkten Karten gespielt wird: Nicht zuletzt im Hinblick auf das eigene strategische Interesse an den Ölreserven der Golfstaaten ist man sich bei allen derartigen Mahnungen durchaus bewusst, dass der sich in Lichtjahren berechnende militärische Vorsprung gegenüber den Europäern ohnehin den USA im Konfliktfall immer das letzte Wort sichern wird – mit der Folge, dass man dieselben Europäer drastisch zur Kasse bitten und so auch nur an dem Versuch hindern kann, sich auf wirtschaftlichem Gebiet allzu forsch in jene Bereiche der Erde vorzuwagen, die man den eigenen Interessen vorbehalten möchte. Die Methode ist nun einmal nicht neu, mögliche Rivalen freundschaftlich zu umarmen und dabei vor allem den eigenen Vorteil im Auge zu behalten ... Überraschen sollte dies niemanden. Unverändert gilt die uralte Weisheit, wonach Außenpolitik ausnahmslos immer zugleich auch Interessenpolitik ist. Weit überzeugender noch als an der Situation im Nahen und Mittleren Osten wird die Schlussfolgerung, die sich daraus für uns Europäer ergibt, an der Entwicklung auf dem Balkan deutlich. Sie betrifft keineswegs nur den Kosovo, sondern gilt genauso für die Probleme etwa in Bosnien-Herzegowina oder Montenegro. Dabei handelt es sich ja nicht um irgendwelche Gebiete oder Völker fern hinter dem Horizont. Sie liegen unmittelbar vor unserer Tür. Ein Brand, der dort ausbricht, kann schneller als gedacht unser eigenes Haus anstecken. Im Unterschied zu den Ölstaaten haben unsere amerikanischen Partner in der NATO kaum noch irgendwelche eigenen Interessen in dieser Region. Allein in unserer europäischen Verantwortung liegt es, uns aktiv für die Lösung der einschlägigen Probleme einzusetzen – und im Zweifel bedeutet dies, dafür auch materiell vermeintliche oder wirkliche »Opfer« auf uns zu nehmen. Mit anderen Worten: Weder werden uns die USA dies in Zukunft abnehmen, noch dürfen wir uns auf den Ausweg einlassen, darauf zu vertrauen, dass irgendeines der (jetzigen oder künftigen) Mitgliedsländer der EU daran Interesse haben könnte, die zu erwartenden Lasten allein zu schultern.

*

Inhaltlich gewiss grundlegend andersartige, im Ergebnis aber durchaus ähnliche Feststellungen liegen auf der Hand, wenn man an die Herausforderungen auf dem Gebiet der Umwelt- oder der Energiepolitik denkt. Dass sie schon längst nicht mehr an den Grenzen eines einzelnen Landes haltmachen, hat sich inzwischen herumgesprochen. Das ändert nichts daran, dass damit massive wirtschaftliche Interessen einhergehen – und dass nur diejenigen sich ihrer Haut zu erwehren vermögen, die im weltweiten Wettbewerb ausreichend Gewicht auf die Waage bringen. Stichworte wie das Schicksal des Kyoto-Protokolls oder der Rio-Konferenzen der Vereinten Nationen sprechen genauso deutlich für sich wie die fehlende Bereitschaft der USA und der Volksrepublik China, ernsthaft bindende eigene Verpflichtungen einzugehen. Umgekehrt hat der Ausstieg Deutschlands, Österreichs und der Schweiz aus der Nuklearwirtschaft inzwischen unübersehbar aufgezeigt, wie problematisch die Konsequenzen sein können, die ein solcher Alleingang selbst innerhalb Europas nahezu zwangsläufig nach sich ziehen muss. So groß also auch die Verlockung sein mag, populistischen Lockrufen zu folgen und vorgeblich nationalen Interessen den Vorrang vor der Rücksichtnahme auf Partner (oder gar Nachbarn) einzuräumen – inzwischen gibt es Grenzen, die uns, vor dem Hintergrund der explodierenden Bewohnerzahl unserer Erde, die Natur zwingend vorgibt. Sie haben zur Folge, dass kleinere Bevölkerungsgruppen nur noch überleben können, wenn sie sich zu größeren, als solche lebens- und wettbewerbsfähigen Einheiten zusammenschließen. Besser als am Thema der Energieversorgung kann man das kaum nachvollziehen.

Zugleich handelt es sich beim Thema des Atomausstiegs um ein handgreifliches Beispiel, wie zwiespältig die Lehren sind, die daraus zu ziehen sind. Als unser unmittelbares Nachbarland ist Frankreich (wobei Polen auf bestem Wege zu sein scheint, ihm zu folgen) bekanntlich mit Atommeilern vollgepflastert. Das nach allen gängigen Maßstäben offensichtlich längst überalterte AKW Fessenheim steht direkt vor der badischen Tür. Hinzu kommt, dass die Energieerzeugung nach alter Tradition (unmittelbar oder mittelbar) in der Hand des französischen Staates liegt. Unter diesen Umständen bedarf es nicht der geringsten Diskussion, dass bereits der zarteste Versuch einer Koordination des energiepolitischen Vorgehens sofort an dem im Verlauf der Katastrophe in Fukushima über Nacht gefassten Beschluss der deutschen Bundesregierung gescheitert wäre, künftig aus der Atomwirtschaft auszusteigen.

Übrig bleibt nur eines: dass die gesamte deutsche Bevölkerung genau wie viele der produzierenden Wirtschaftsunternehmern künftig mit erheblichen zusätzlichen Kostenbelastungen rechnen müssen, für Letztere verbunden mit einer gefährlichen Beeinträchtigung ihrer internationalen Wettbewerbsfähigkeit.

Jedenfalls macht dieses – in vielerlei Hinsicht durchaus niederschmetternde – Beispiel deutlich, wie meilenweit sich grundlegende Einsichten über die zwingende Notwendigkeit einer durch gemeinsame europäische Institutionen (wie etwa das Parlament und eine künftige »Regierung«) festgelegten Politik und die hautnahen Realitäten des Alltags voneinander unterscheiden. Auch diese nüchterne Feststellung unterstreicht freilich nur die Schlussfolgerung, dass die Zeit drängt, die den Europäern verblieben ist, um die Kluft zu schließen und für ihre Zukunft vorzusorgen. Fast erübrigt es sich, hinzuzufügen, dass es neben der Energiepolitik und weiten sonstigen Teilbereichen noch mindestens ein breites wirtschaftspolitisches Gebiet gibt, das keinen Aufschub verträgt: eine gemeinsam erarbeitete und beschlossene Angleichung der in den Mitgliedsländern so unterschiedlichen allgemeinen sozialen Standards (wozu nicht nur die Rentensysteme, sondern beispielsweise auch die gesetzlichen Arbeitsbedingungen oder die Mitwirkungsrechte der Belegschaften von Wirtschaftsunternehmen zählen).

*

Fast könnte es als Blütentraum erscheinen, wollte man sich tatsächlich zu der Hoffnung hinreißen lassen, dass reine Vernunft, gepaart mit der Fähigkeit zur nüchternen Einsicht in unentrinnbare Zwänge, die Mitgliedsstaaten jemals dazu bewegen könnten, in solchen Angelegenheiten wesentliche Teile ihrer traditionellen nationalen Souveränität an gemeinsame europäische Institutionen abzutreten. Diese Einschätzung betrifft auch keineswegs nur diejenigen Länder, deren entsprechende Halsstarrigkeit schon oft genug dazu beigetragen hat, dass längst überfällige Vereinbarungen entweder lange hinausgezögert wurden oder sogar endgültig gescheitert sind. An vorderster Stelle geht es, wie gesagt, regelmäßig um Großbritannien. Andere – wie die Tschechische Republik oder Polen – haben zumindest zeitweise kaum dahinter zurückgestanden. Doch von Fall zu Fall wird regelmäßig gern gemauert, wenn die eigenen Interessen ins Spiel kommen. Gut abzulesen ist das etwa am Verhalten der Niederlande und von Schweden, die sich zum Schutz der dortigen Banken dem traditionellen britischen Widerstand gegen die Einführung einer europäischen Finanztransaktionssteuer angeschlossen haben. Und machen wir uns nichts vor: Zu denjenigen, die sich gern als Musterknaben aufführen, aber wenn es ernst wird, verlässlich für das genaue Gegenteil von Gemeinsamkeit zu sorgen pflegen, zählt nicht zuletzt die derzeitige deutsche Bundesregierung – die zwar lauthals nach der baldigen Realisierung einer gemeinsamen europäischen Wirtschafts- und Finanzpolitik ruft, aber im gleichen Atemzug peinlich darauf achtet, die Zuständigkeit dafür in den Händen der Staats- und Regierungschefs (oder der einschlägigen Fachministerräte) zu behalten, anstatt der Brüsseler Kommission und dem europäischen Parlament die entsprechenden Kompetenzen zu übertragen.

Persönlichkeiten, die über die Fähigkeit verfügen, sowohl nüchtern und verantwortungsbewusst abzuwägen als auch durch ihren Mut, ihre Offenheit und ihre Glaubwürdigkeit zu überzeugen, sind gewiss selten. Doch es hat sie immer wieder gegeben. Zuletzt hat sich vor allem Jean-Claude Juncker mit bewundernswerter Standfestigkeit darum bemüht. José Manuel Barroso, der Präsident der Europäischen Kommission, unternimmt gleichfalls manche Versuche, die wohl in eine ähnliche Richtung zielen sollen – wobei ihm freilich das unverzichtbare persönliche Charisma fehlt. Doch was in der Vergangenheit möglich war – warum sollte es ausgeschlossen sein, dass zukünftig in einer größeren Zahl europäischer Staaten durch die Wählerinnen und Wähler wieder Persönlichkeiten mit politischer Führungsverantwortung betraut werden, die es glaubhaft machen, dass die Bereitschaft, Opfer zu bringen, zugleich ungeahnte Chancen für eine erfolgreiche Gestaltung der Zukunft eröffnen kann?

Damit wir uns nicht falsch verstehen: Geduld, taktisches Geschick, Beharrlichkeit bleiben gefragt, die Fähigkeit, sich durch Rückschläge nicht entmutigen zu lassen. Unverändert gilt das alte »Prinzip Monnet«, sprich: die Notwendigkeit, Schritt für Schritt weiter voranzuschreiten. Der Philosoph (und frühere Kulturstaatsminister im Kabinett Schröder) Julian Nida-Rümelin hat zwar gemeint, aus den Schwierigkeiten, die während der letzten Jahre das Vorankommen der EU so sichtbar infrage gestellt haben, ableiten zu müssen, dass dieser Grundsatz inzwischen wie eine ausgequetschte Zitrone am Ende sei, dass also das Projekt nur gelingen könne, wenn es nach grundlegend neuen Prinzipien wieder mit Leben erfüllt werde. Auf den ersten Blick mag das einleuchtend erscheinen – in Wirklichkeit verbirgt sich jedoch dahinter nichts als eine hübsche Sprechblase, die spätestens durch die unvermeidlichen Zwänge eines jeweils demokratisch legitimierten politischen Handelns in den einzelnen Ländern zum Platzen gebracht würde.

Nein: Unverändert empfiehlt es sich, die Lehren des großen Jean Monnet in Ehren zu halten. Mit Sicherheit wird es nicht helfen, panischen Handlungsbedarf herbeizureden. Jeder Versuch, von heute auf morgen ein ernsthaft vereintes Europa in die Tat umzusetzen, bliebe – wie jede Utopie – zum kläglichen

Scheitern verurteilt. Der Schaden, der dadurch hervorgerufen würde, könnte sich sogar als irreparabel erweisen. Claudia Buch, hoch anerkannte Wirtschaftsprofessorin und Mitglied des deutschen Sachverständigenrats, hat kürzlich zu Recht daran erinnert. Andererseits gilt aber eben auch, dass die Zeit drängt. Das Gesetz des Handelns liegt nicht mehr allein in unserer eigenen Hand. Die Entwicklung der globalisierten Wirtschaft und Finanzen – die sich nicht zuletzt im Einfluss der Banken niederschlägt – genauso wie die politischen Geschehnisse in weiten Teilen der Erde oder die Zwänge des Bevölkerungswachstums und der Umweltbelastungen haben unausweichlich zur Folge, dass endlose Geduld nicht mehr ausreicht, wenn die Europäer ihre Zukunft gestalten wollen. Utopien werden nicht weiterhelfen, das ist und bleibt richtig. Doch diese Feststellung bedeutet eben nicht, auf Visionen verzichten zu dürfen, Visionen, die von der Notwendigkeit überzeugen, mit zäher Entschlossenheit ein klar vor Augen liegendes politisches Ziel zu verfolgen.

Auf wirtschaftlichem Gebiet bedarf es fast schon keiner näheren Erläuterung mehr, was es bedeutet, dass die Volksrepublik China inzwischen eine schon lebenswichtig gewordene Rolle auf den Weltmärkten spielt. Am Beispiel der Automobilindustrie, die uns mit immer neuen Erfolgsmeldungen überflutet, wird das deutlich genug. Vor zwanzig Jahren, kurz nach dem Zusammenbruch des sowjetischen Großreichs, spielte China aus internationaler Sicht noch keinerlei nennenswerte Rolle für den Absatz von Automobilen. Zehn Jahre später, um die Mitte des ersten Jahrzehnts des 21. Jahrtausends, wurden dort zwar schon jährlich zwischen vier und fünf Millionen Personenwagen neu zugelassen, bei einer Einwohnerzahl von bald schon mehr als 1,3 Milliarden Menschen änderte das jedoch kaum etwas daran, dass das Straßenbild in den größeren Städten des Landes unverändert durch Fahrräder geprägt blieb. Im Jahr 2012 hingegen gab es laut *Statista* bis Oktober bereits 10,73 Millionen Neuzulassungen. Dabei wird der bei weitem größte Teil davon nicht mehr importiert, sondern nahezu vollständig in China selbst hergestellt. Und vielleicht noch wichtiger: Längst entwickelt sich dort eine eigenständige Automobilindustrie, die in durchaus absehbarer Zukunft mit Macht auf die internationalen Märkte drängen wird.

Noch nicht allzu lange ist es her, dass die japanische Industrie an vorderster Stelle zu den gefürchtetsten Wettbewerbern auf den Weltmärkten zählte. Trotz vielfacher Rückschläge wird dies für manche der dortigen Unternehmen auch so bleiben. Der überwiegende Teil kämpft jedoch bereits um das nackte Überleben, vielen wird der Untergang nicht erspart bleiben. Und die Volksrepublik China mit ihrer explodierenden wirtschaftlichen Entwicklung ist nicht das einzige Land, das sich auf den Weg gemacht hat, die Märkte zu erobern, indem es seine Kostenvorteile und die Größe seines Heimatmarktes nutzt, um die traditionellen westlichen Unternehmen zu bedrängen und am Ende zu erwürgen.

Gewiss leiden Länder wie Indien immer wieder an der Zerrissenheit ihrer politischen Systeme, ihrer Bevölkerung und ihrer Traditionen. Nicht anders als in Brasilien werden die dortigen Unternehmen jedoch schneller als gedacht zu gefährlichen Konkurrenten werden – denen nur noch dann Paroli geboten werden kann, wenn sich die Europäer darauf besinnen, dass der lebenswichtige Vorsprung an Kreativität und Qualität ihrer Angebote nur dann gewahrt werden kann, wenn sie zusammenrücken.

Das aber heißt im Klartext: wenn Europa mehr ist als nur eine Freihandelszone ohne Zollschranken und ohne staatlich gesteuerten Wettbewerb der Währungen, sondern wenn es zu einem in jeder Hinsicht einheitlichen Wirtschaftsraum zusammenwächst – mit zumindest weitgehend angenäherten Steuer-, Rechts-, Bank- und Sozialsystemen. Und in einer auf alle Ewigkeit auch durch militärische Macht gekennzeichneten Welt gilt dies, ob wir es wollen oder nicht, genauso auch auf verteidigungspolitischem Gebiet.

IX.

VOM KRAFTAKT ZUR KRAFTQUELLE

Europäische Kultur ist Streitkultur

Die Leserinnen und Leser dieses Buches wissen, dass sein Verfasser die weitere Vereinigung Europas für zwingend hält, wenn nicht unser aller Zukunft mutwillig aufs Spiel gesetzt werden soll. Oder um mit der Mutter unserer Nation zu sprechen: »Europa ist alternativlos.« Doch weiß Angela Merkel eigentlich, wovon sie spricht, wenn sie das sagt – oder gehört auch sie zu den Bürgerinnen und Bürgern, die sich zwar hie und da von vagen Stimmungen hinreißen lassen, zum Schluss aber regelmäßig ihren vermeintlich ureigenen Interessen den Vorzug geben?

Gerd Appenzeller hat im Berliner *Tagesspiegel* einmal ebenso lapidar wie unwiderlegbar angemerkt, dass »es niemanden (gibt), der der Welt erklären kann, was Europa wirklich ist«. Damit hat er Recht. Zumindest dann, wenn man das Adjektiv »wirklich« ernst nimmt. Denn natürlich verbirgt sich dahinter der Hinweis, dass sich mit dem Begriff nichts sozusagen Endgültiges verbinden lässt. Umso mehr stellt sich die Frage, ob eine solche begriffliche Festlegung eigentlich zwingend ist. Nicht zuletzt gilt das, wenn man darüber nachdenkt, ob und wie es diesem merkwürdige Puzzlespiel namens Europa mit seinen unzähligen Teilen gelingen soll, seinen herausragenden Rang im globalen Wettbewerb zu behaupten, der auf allen Gebieten des Lebens – wirtschaftlich, sozial, politisch – unweigerlich immer härter wird.

Europa hat unzählige Facetten: historische, kulturelle, religiöse, politische, ethnische. Ausnahmslos alle von ihnen verändern sich ständig. Und beeinflussen sich gegenseitig. Mit gutem Grund ist schon mehrfach behauptet worden, Europa sei gekennzeichnet durch seine Kultur der Widersprüche und Gegensätze. In der Tat gibt es keine andere Region der Erde, in der auf engstem Raum eine solche Vielfalt von Meinungen, Erfahrungen und Verhaltensweisen vereint ist – hinter denen aber dennoch, kratzt man nur ein wenig an der Oberfläche, plötzlich Vorstellungen zum Vorschein kommen, die uns in irgendeiner merkwürdigen Weise allen gemeinsam sind.

Der Schriftsteller Peter Prange hat das in seinem Lesekompendium *Werte* auf den Punkt gebracht:»Wir sind immer zweierlei zugleich: Wir verkörpern eine Position und zur gleichen Zeit ... deren Gegenteil ... Wir preisen den Gleichheitsgrundsatz und verlangen nach Eliten. Wir bauen auf den Fortschritt und trauen ihm keinen Schritt über den Weg ... Wir sind offen für das Fremde und provinziell bis zum Faschismus. Wir sind wirklichkeitsfremde Phantasten und knallharte Realisten ... Vor allem sind wir unendlich neugierig und zutiefst skeptisch in ein und derselben Person ... Wenn wir uns in Europa zu Hause fühlen, dann aus einem einfachen Grund: weil wir Europa in uns tragen, in unseren Herzen und Seelen und DNA-Ketten ... Was immer wir denken oder tun, was immer wir hoffen und wünschen – überall ist der europäische Geist längst in uns am Werke.«

Besser kann man es nicht ausdrücken. In der Tat geht es um ein Gefühl, das manchen von uns allenfalls in seltenen Ausnahmesituationen, anderen hingegen nahezu täglich intensiv bewusst ist. Lebendiges Geschehen, und darum handelt es sich, lässt sich nun einmal nicht endgültig – und schon gar nicht »abschließend« – in einem Begriff festhalten. So verstanden, stehen wir zweifellos vor einem Dilemma, wenn wir über Europa und seine Zukunft nachdenken. Wollen wir nicht resignierend die Hände in den Schoß legen und hilflos auf ein gütiges Schicksal hoffen, müssen wir uns trotzdem auf eine Festlegung einigen und die Frage beantworten, um was es sich eigentlich handelt, wenn von »Europa« und seiner Zukunft die Rede ist.

Am einfachsten fällt es, mit einem Argument aufzuräumen, das über lange Zeit von manchen eher hinterwäldlerischen Geistern mit Vorliebe ins Feld geführt zu werden pflegt: dem Versuch einer geografischen Grenzziehung. Sie lässt der Einfachheit halber Europa an den Gestaden des Mittelmeers enden. Zypern und Malta mögen da gerade noch als lässliche, wenn auch äußerst bedauerliche Sünden hingenommen werden. Unwiderleglich aber folgt daraus, dass die Türkei allein schon wegen ihrer überwiegenden Ausdehnung nach Anatolien, niemals zu Europa gehören kann. Sichtbar zu Problemen allerdings führt das beim Versuch einer kontinentalen Abgrenzung in Richtung Osten: Die früher weit verbreitete Auffassung, Europa erst auf den Höhen des Urals enden zu lassen, würde ja nicht nur Staaten wie beispielsweise die Ukraine zu möglichen Kandidaten für eine Aufnahme in die EU machen, sondern – was ja nun wirklich nicht infrage käme – die Türen sogar für Russland selbst öffnen ...

Vergessen wir also getrost solche Versuche, Klippschülern mit primitivsten Argumenten nach dem Munde zu reden. Wenn es tatsächlich ein Europa gibt, dessen fortschreitende Vereinigung lebenswichtig ist, dann handelt es sich jedenfalls nicht um ein geografisch abgegrenztes Gebiet, das – ganz nach der Manier siegreicher früherer Herrscher (wie zuletzt Stalin und die westlichen Alliierten am Ende des Zweiten Weltkriegs) – mit einem Strich auf der Landkarte als Einfluss- und Machtbereich einzugrenzen ist. Nein, auch wenn es noch so schwer fallen mag, überzeugende Kriterien zu finden, die geeignet sind, diesen so merkwürdig flüchtigen Begriff sicherer dingfest zu machen als mit der Beliebigkeit der Geografie: Mit dem, was dieses Europa wirklich ausmacht, muss es noch eine andere Bewandtnis haben. Beginnen wir ruhig noch einmal mit einem kurzen Blick auf die Geschichte.

Seit dem Beginn der Bronzezeit war die überlieferte geschichtliche Entwicklung – jedenfalls bis zur Einwanderung der ersten hellenischen Stämme in das heutige Griechenland um die Mitte des 2. Jahrtausends v. Chr. – durch zwei kulturelle, wirtschaftliche, politische Hochkulturen und damit Machtzentren geprägt. Beide unterhielten schon damals ein weit verzweigtes Netz von Handelsbeziehungen, das alle vier Himmelsrichtungen einschloss. Der Schwerpunkt sowohl des auf dem Peloponnes angesiedelten mykenischen Reichs als auch des auf Kreta beheimateten minoischen Reichs lag jedoch in ihrem unmittelbaren Umfeld. Dazu zählte nicht zuletzt die anatolische Halbinsel, von deren herausragender Bedeutung die homerische Erzählung von Troia Bände spricht. Es mag dies wohl die Epoche gewesen sein, an deren Ende erstmals der Name Europa in den allgemeinen Sprachgebrauch aufgenommen wurde – doch siehe da: Nur bestimmte Teile Griechenlands zählten dazu, nicht einmal der Peloponnes oder die Ägäischen Inseln. Erst mit den Perserkriegen, mehr als ein halbes Jahrtausend später, wurde es üblich, das ganze griechische Festland als Europa zu bezeichnen – in Unterscheidung von Asien als dem zweiten Kontinent der Erde. Unter anderem hatte das die skurrile Folge, dass die an der kleinasiatischen Westküste beheimateten Griechen trotz aller ihrer fortdauernden kulturellen Gemeinsamkeiten mit den hellenischen Landsleuten nicht zu den Europäern gezählt wurden. Man bezeichnete sie vielmehr als »Barbaren«, weil sie einen mit dem Karischen (der Sprache der dort ansässigen anatolischen Urbevölkerung) vermischten Dialekt sprachen, den die Bürger der Metropoleis (nicht anders als heutzutage viele von uns das Sächsische oder Schwäbische) hochnäsig als eine Art Kauderwelsch verlachten.

Das sollte sich fortsetzen, als die klassische griechische Kultur im Römischen Reich aufging. Weite Teile Anatoliens (nicht von ungefähr »Kleinasien« genannt) zählten über Jahrhunderte hinweg zu den hoch geschätzten Teilregionen des Reichsgebiets. Orient und Okzident flossen zunehmend ineinander. Weder der Möchtegern-Alleinherrscher Julius Cäsar noch sein

Teilnachfolger Mark Anton machten sich durch ihre spektakuläre Liaison mit der ägyptischen Herrscherin Kleopatra etwa des Landesverrats schuldig. Politisch, kulturell und wirtschaftlich waren die eigentlichen Reichsgebiete im Osten und Süden ohnehin durchaus wichtiger als die meisten Gebiete im Norden oder Westen. Soweit sie nicht das römische Bürgerrecht besaßen und damit nicht in der überkommenen griechischrömischen Kultur zu Hause waren, galten freilich deren Bewohnerinnen und Bewohner trotzdem allesamt wiederum als »Barbaren«.

Ähnliches sollte sich nach dem Zusammenbruch des Römischen Reichs und seinem Auseinanderfallen in den westlichen und den östlichen Teil, wenn auch in anderer Form, wiederholen. Mit einem Mal wurde »Europa« eingeengt auf den Herrschaftsbereich der römisch-katholischen Kirche. Die oströmische Reichshälfte mit dem Gebiet der griechisch-orthodoxen Kirche und ihrem Zentrum in Byzanz hingegen galt, ebenso wie das ab etwa 600 n. Chr. aufkommende islamische Gebiet, fortan als außereuropäisch, als kulturell »fremd«. Das scheint bis heute so geblieben zu sein, zumindest spielt es im Unterbewusstsein vieler Menschen, die in den westlichen Ländern unseres Kontinentzipfels zu Hause sind, offensichtlich immer noch eine Rolle.

Andererseits trifft es gleichfalls zu, dass sich über die nun folgenden Jahrhunderte hinweg immer stärker das zumindest unterschwellige Bewusstsein jener bereits angesprochenen gemeinsamen Identität entwickelte. Zumindest die Angehörigen der jeweiligen gebildeten Oberschicht spürten, dass sie über die Grenzen der weltlichen Herrschaftsbereiche hinaus – und davon gab es unzählige – doch durch eine gemeinsame europäische Geschichte und Kultur irgendwie miteinander verbunden waren. In dieser Richtung änderte die bereits in der Nachfolge von Karl dem Großen entstandene Aufspaltung in machtvolle staatliche Gebilde, geprägt vor allem durch die politische, wirtschaftliche, militärische und kulturelle Erstarkung Frankreichs (ebenso wie später auch Portugals, Spaniens und Englands), über eine lang andauernde Wegstrecke hinweg kaum etwas daran, dass das weiter bestehende Heilige Römische Reich als ein – zwar nicht machtpolitisches, aber doch ideelles – Dachgebilde über ein solches gemeinsames Europa empfunden und anerkannt wurde. Die römischen, durch den Papst gesalbten Kaiser empfanden sich folglich in diesem Sinne stets als Herrscher eines gesamteuropäischen Reichs – und führten diese Bezeichnung auch in ihrem offiziellen Titel, jedenfalls so lange, bis nach dem Tod des Habsburgers Maximilian I. (des »edlen Ritters«) und der Wahl von Karl V. zu seinem Nachfolger um die Wende vom 15. zum 16. Jahrhundert das Bewusstsein der Zusammengehörigkeit endgültig erstarb. Dennoch blieb das Gefühl einer durch die gemeinsame Religion geprägten Identität auch danach weiter lebendig – bis schließlich der Siegeszug der Reformation auf der einen, die Eroberung der Weltmeere und die Entdeckung der überseeischen Teile der Erde in Asien und Amerika auf der anderen Seite vollends und unwiederbringlich eine neue Ära einleitete. Gekennzeichnet war diese neue Zeit allerdings keineswegs überwiegend durch Ehrfurcht gebietende Errungenschaften des menschlichen Geistes und der durch ihn geschaffenen Kultur, sondern auch – und vor allem – durch die grausigen kriegerischen Auseinandersetzungen und die schrecklichen Untaten, von denen schon die Rede war.

Vor diesem Hintergrund fürchte ich, dass sich die Geschichte bei bestem Willen um keinen Deut besser als die Geografie dafür eignet, den Begriff »Europa« genau zu bestimmen – zumindest so genau, dass es für den nüchternen Verstand keine Streitmöglichkeiten mehr geben könnte. Was also bleibt? Vielleicht doch kulturelle Errungenschaften, die denjenigen gemeinsam sind, die sich als Europa zugehörig verstehen und sich dadurch erkennbar von anderen unterscheiden?

Gewiss: Shakespeare wie Goethe haben unvergleichliche Werke hinterlassen, die – unabhängig von ihrem Herkommen, ihrer Sprache, ihrer Religion oder ihrer ethnischen Zugehörigkeit – jede und jeden von uns zutiefst anrühren, sofern wir auch nur ein wenig in uns hineinzuhören und zu begreifen vermögen, dass wir selbst es sind, die uns die Dichter vorführen. Die Musik von Beethoven oder von Verdi lässt uns, ob wir aus dem Norden oder Süden, dem Westen oder Osten stammen, ob wir an Gott glauben oder nicht, Italienisch oder Finnisch sprechen, lässt also jede und jeden, der oder dem das Glück beschieden ist, sich ihr hingeben zu können, in gleicher Weise die Lust und die Last erahnen, geboren zu sein und sterben zu müssen. Die Bilder von Goya genau wie die von Picasso, von Rembrandt oder von Leonardo führen ausnahmslos allen, die zu sehen vermögen, vor, was Schönheit bedeutet, oder auch, zu was Menschen fähig sind, im Guten wie im Schrecklichen. Nichts anderes gilt für die Romane von Dostojewski oder Cervantes, für die Lyrik von Baudelaire oder Heine.

Niemand wird ernsthaft bestreiten können, dass alle diese Namen und deren Werke für die Existenz eines seit Jahrtausenden stattfindenden kulturellen Austauschs zwischen den Völkern stehen. Unschwer könnte man übrigens den osmanischen – und sicherlich auch zu bedeutenden Teilen den islamischen – Kulturkreis in die mit einem solchen Austausch regelmäßig verbundene gegenseitige Befruchtung einbeziehen. Der weit über sein engstes Arbeitsumfeld hinausragende Einfluss des großen Architekten Sinan spricht dafür eine ebenso deutliche Sprache wie der Einfluss des altgriechischen Wissens und Denkens, das der Arzt und Philosoph Avicenna in die mittelalterliche Entwicklung der persischen Theologie und Medizin einbrachte. Und natürlich erübrigt es sich, hinzuzufügen, dass die Großtaten der Geistes- wie der Naturwissenschaften ohnehin zu den unbestreitbaren Bestandteilen der Kultur gehören. Auch insofern reicht es daher aus, wenige Namen zu nennen – ob sie Galilei, Newton oder Einstein heißen, Machiavelli, Hobbes oder Kant.

Wohlgemerkt: Das alles sind nur beliebig herausgegriffene Leuchttürme im unendlichen Meer der Kultur, der Wissenschaften und der Künste. Ganz bewusst vernachlässigt sind dabei die Entwicklungen seit Anbruch der Moderne, die Dichtungen, Theaterstücke, Filme, die Musik, das Fernsehen und die journalistischen Medien, die Explosion der Wissenschaften und der Technik. Auch eine noch so lange Aufzählung der Gemeinsamkeiten und Verbindungen, die über alle nationalen Grenzen hinweg die Kulturen miteinander verbinden, würde freilich nichts an einer durchaus nüchternen Feststellung ändern. Sie lautet, dass sich das klare Bewusstsein für eine besondere europäische Identität auf eine kulturelle Elite beschränkt – was im Übrigen keineswegs ausschließt, dass deren Angehörige jederzeit bereit und in der Lage sind, hitzig darüber zu streiten, welche Kulturkreise (sofern sie sich überhaupt über deren genaue Definition zu einigen vermögen!) tatsächlich dazugehören und welche nicht.

Allenfalls als Randbemerkung wäre hinzuzufügen, dass jeder Versuch, »Europa« durch eine wie auch immer begründete ethnische (oder gar »rassische«) Zugehörigkeit von Menschen als begriffliche Einheit zu definieren, von vornherein zum Scheitern verurteilt sein muss. Wie sehr Europa während seiner Geschichte durch die »Durchmischungen« verschiedenster Ethnien und der für sie charakteristischen Kulturen geprägt worden ist, beweist schon der erste Blick auf das spanische Granada und die einzigartigen Hinterlassenschaften – wie etwa die Alhambra – der immerhin jahrhundertelang andauernden arabischen Herrschaft. Nicht weniger eindrucksvoll ist das gleiche Phänomen in Sizilien zu beobachten, wo die normannische Kultur der Wikinger noch heute unübersehbare Spuren im Zusammenspiel mit arabischen und christlichen Einflüssen hinterlassen hat. Was übrig geblieben ist, sind zwar die durchaus vielfältigen regionalen Traditionen der Kleidung, der Musik, der Essgewohnheiten oder des Umgangs unter den Geschlechtern – doch wie sollte es sonst erklärlich sein, dass ein junges Mädchen aus dem nordöstlichen Finnland, aus Karelien, ganz selbstverständlich auf den Namen »Helena« hören kann, der

Tausende Kilometer entfernt im Süden, in Griechenland, für jedermann an den Troianischen Krieg erinnert, der wiederum in ganz Europa durch das Epos von Homer bekannt geworden ist?

*

Wenn aber ausnahmslos alle diese Kriterien – Geografie, Geschichte, Kultur oder gar »Abstammung« – ungeeignet sind, eine genaue Definition zu liefern: Wer oder was ist dann eigentlich jenes »Europa«? Wer oder was gehört dazu, wer oder was nicht?

Der Widerspruch liegt auf der Hand. Dass es bei bestem Willen keine unwiderleglich genaue Beschreibung dessen gibt, was sich hinter dem Wort »Europa« verbirgt, schließt nämlich in keiner Weise aus, dass die überwiegende Mehrheit der hier lebenden Menschen durchaus – und wenn auch nur mehr oder minder unterschwellig – ahnt (oder spürt), dass es tatsächlich so etwas wie eine europäische Identität gibt, ein Bündel von Eigenheiten, die weit mehr beinhalten als eine reine Interessengemeinschaft – die uns vielmehr zutiefst miteinander verbinden. Jacques Delors hat es einmal als die »europäische Seele« bezeichnet.

Vor dem Hintergrund dessen, was über unsere Geschichte und unsere Kultur gesagt wurde, mag eine solche Behauptung kühn erscheinen. Wenigstens einigermaßen wäre sie auch allenfalls nur mit den – zudem wohl eher fragwürdigen – Mitteln der Demoskopie zu belegen. Ich wage sie trotzdem. Denn selbst wenn die näheren Zusammenhänge kaum eines einzigen der unzähligen geschichtlichen Ereignisse, der Kriege und Friedensschlüsse, der Vertreibungen und Umsiedlungen, der Siege und Niederlagen einer größeren Zahl von Menschen bekannt sein sollten, wenn es nur wenige sein sollten, die je einen Roman oder ein Gedicht gelesen, ein Museum von innen gesehen, ein Theaterstück oder eine Oper erlebt, ja, die sich wenigstens dem Erlebnis populärer Musik aufgeschlossen haben: Irgendwie sind wir uns eben doch bewusst, wie oft und wie nahe wir uns in der Vergangenheit begegnet sind, wie sehr wir gestritten und uns doch wieder miteinander versöhnt haben. Gewachsen ist daraus ein fast schon merkwürdiges Gefühl dafür, dass uns bei aller vordergründigen Fremdheit eine Art undefinierbarer Gemeinsamkeit verbindet. Seltsam hartnäckig erinnert es uns immer wieder daran, wie sehr unser gesamtes Umfeld und unser Dasein durch ein einzigartiges schöpferisches Potenzial geprägt ist, das in der ganzen Welt seinesgleichen sucht – seltsam, weil diese besondere europäische Kreativität auf der produktiven Spannung beruht, die unsere Neugier aufeinander, aber nicht weniger auch unsere eifersüchtigen Rivalitäten immer wieder von neuem auslösen.

Ob man allerdings ernsthaft allein auf ein solches unterschwelliges Gefühl bauen kann, um dem Projekt eines sich weiter vereinigenden Europa endlich zum Durchbruch zu verhelfen, um darauf hoffen zu dürfen, dass man bei einer Volksabstimmung in einer Mehrzahl der beteiligten Ländern eine ausreichende Mehrheit erzielen wird? Ich glaube das kaum. Nein, etwas gänzlich Neues müsste hinzukommen.

Dabei haben sich schon viele den Kopf zerbrochen, was wohl geeignet sein könnte, die Menschen auf der Straße davon zu überzeugen, dass es um die Zukunft ihrer nachfolgenden Generationen geht und daher höchste Zeit ist, ihre althergebrachten Vorstellungen über den Haufen zu werfen. Eines dieser Rezepte klingt auf Anhieb besonders sympathisch – und macht trotzdem sogleich deutlich, wie müßig es wäre, das Problem sozusagen mit einfachen Bordmitteln angehen zu wollen. In einem engagierten Essay hat Claus Leggewie, der zu Recht hoch angesehene Politik- und Kulturwissenschaftler, darauf gedrungen, das seit langem erörterte Vorhaben endlich Wirklichkeit werden zu lassen, ein zentrales Haus der europäischen Geschichte ins Leben zu rufen. Mit diesem Ziel erinnert er daran, dass die einfachen Bürgerinnen und Bürger überall in den einzelnen Mitgliedsstaaten – er nennt sie »Zivilgesellschaften«

– inzwischen dazu neigen, den nach 1945 vorherrschenden »Konsens (der) postautoritären Eliten« über die Zusammenführung ihrer Länder zu einer europäischen Union eher skeptisch zu sehen oder gar infrage zu stellen. Dem hält er entgegen, Jorge Semprún, drei Jahre im KZ Buchenwald eingekerkert und gequält, habe angemahnt, eine weitere Vertiefung der Union »könne existenziell und kulturell nur gelingen, wenn wir unsere Erinnerungen miteinander geteilt und vereinigt haben«. Leggewies Schlussfolgerung lautet, dass »ein europäisches Wir-Gefühl ... allein durch die öffentliche Bearbeitung konkurrierender nationaler ... Geschichtsnarrative entstehen« könne.

So sympathisch dies, wie gesagt, auch klingen mag, so sehr ich hoffe, dass in Brüssel tatsächlich ein solches Haus der Geschichte errichtet werden kann, so sehr fürchte ich, dass es naiv wäre, auf die baldige Wirksamkeit derartiger Wundermittel zu hoffen. Ähnliches gilt im Übrigen auch für ein anderes Medium, das heutzutage von manchen unserer bewährten Schnellkommentatoren als eine Art Patentrezept für die Heilung aller unserer gesellschaftlichen, wirtschaftlichen und politischen Probleme angehimmelt wird: das Internet und seine vielfältigen Anwendungsformen. »Facebook« oder seine verwandten Spielarten mögen durchaus in bestimmten aktuellen Situationen als Kommunikations- und damit Meinungsbildungsinstrument zur Förderung begrüßenswerter Vorhaben geeignet sein. Abgesehen davon, dass sie bekanntlich genauso gut für gegenteilige Zwecke – wie die Anprangerung unschuldiger Menschen – missbraucht werden können, wäre es jedoch nichts als eine blauäugige Selbsttäuschung, darauf zu setzen, dass eine fortschreitende europäische Vereinigung ernsthaft mit solchen Instrumenten voranzubringen wäre.

In einem anderen Sinn haben Claus Leggewie und viele andere Autoren trotzdem Recht, wenn sie als Baumaterial für ein vereintes Europa auf die bitteren Erfahrungen der europäischen Geschichte zählen. Entstanden ist nämlich daraus etwas, was eben doch nicht nur für die »Eliten« zählt. Es geht um eine für uns alle täglich erlebbare Wirklichkeit. Sie ist so greifbar real, dass es nicht schwerfallen kann, der gesamten »Zivilgesellschaft« – also nicht zuletzt der Frau und dem Mann auf der Straße – vor Augen zu führen, wie entscheidend ihr eigenes Leben in jedem Augenblick davon geprägt ist. Gemeint ist das tief in uns verwurzelte Bewusstsein, dass es grundlegende Werte gibt, die ausnahmslos jede und jeden von uns prägen – ob jung oder alt, Österreicher oder Schwedin, arm oder reich, ungelernter Arbeiter oder Hochschulprofessorin. Das schließt nicht aus, dass wir kaum eine Gelegenheit auslassen, darüber zu streiten, was wir jeweils im Einzelnen darunter verstehen wollen, wie unsere Wertvorstellungen auszulegen sind. Meinung und Gegenmeinung, der Streit darüber, Dialektik und Widersprüchlichkeit – das sind eben nachgerade Kerneigenschaften der Europäer. Sie kennzeichnen nicht Schwäche, sondern Stärke, weil sich, ich wiederhole es, dahinter das Geheimnis unserer einzigartigen geistigen Kreativität verbirgt.

Das mag denjenigen deutlicher bewusst sein, die selbst unmittelbar erfahren mussten, was es bedeutet, wenn die fraglichen Werte nicht gewährleistet oder gar verlorengegangen sind. Aber auch alle anderen, die auf ein glücklicheres Geschick zurückblicken können, ahnen zumindest, worum es sich handelt. Auch wenn man sie gewiss noch weiter auffächern kann, sind es im Grunde genommen nur wenige Überzeugungen, auf die wir ausnahmslos alle bauen: Es sind der hohe Rang der Menschenwürde, die Respektierung der Menschenrechte, die Gleichheit aller Menschen, gleich welcher Abstammung oder welchen Geschlechts, die Toleranz für andere Meinungen, die gesicherte Rechtsstaatlichkeit, die Freiheit des Einzelnen von unrechtmäßiger Bevormundung – es sind die Errungenschaften der Aufklärung.

»Die Würde des Menschen ist unantastbar … Das deutsche Volk bekennt sich … zu unverletzlichen und unveräußerlichen Menschenrechten als Grundlage jeder menschlichen Gemeinschaft, des Friedens und der Gerechtigkeit in der Welt.« So heißt es wörtlich im Grundgesetz der Bundesrepublik Deutschland. Ähnliches steht es auch in den Verfassungen aller übrigen Länder, die der EU angehören (oder zukünftig deren Mitglieder werden wollen). Dass die damit zum Ausdruck gebrachte grundsätzliche Überzeugung nie wieder – wie es über allzu lange Wegstrecken der Geschichte hinweg der Fall war – zur leeren Floskel, zum reinen Lippenbekenntnis werden darf, dafür haben unzählige Menschen gelitten, gekämpft, ihr Leben gelassen. Schon der flüchtigste Rückblick auf wenige Beispiele aus der allerjüngsten Vergangenheit macht deutlich, was gemeint ist: der Aufstand der polnischen Werftarbeiter in Gdansk im August 1980, der Prager Frühling 1968, der 17. Juni 1953 in Berlin (oder Bitterfeld und Halle) – und natürlich der Sturz des kommunistischen Regimes in der DDR durch die einfachen Bürgerinnen und Bürger. Allesamt haben diese Ereignisse erwiesen, dass die gewaltsame Unterdrückung von Menschenwürde und Menschenrechten auf die Dauer in Europa keine Chance hat, sich gegen die gemeinsamen Wertvorstellungen seiner Bürgerinnen und Bürger zu behaupten.

Dasselbe gilt für den Wert der Freiheit jedes einzelnen Menschen. Umso weniger verständlich ist es, wenn einige politische Kommentatoren nichts Besseres gewusst haben, als dem Bundespräsidenten Gauck, noch bevor er überhaupt gewählt war, damit am Zeug zu flicken, dass er angeblich allzu sehr auf den Begriff der Freiheit fixiert sei und damit die Bedeutung von sozialer Rücksichtnahme vernachlässige. Abgesehen davon, dass der Kampf für die Sicherung der individuellen Freiheitsrechte bekanntlich nicht erst durch Joachim Gauck entdeckt wurde, sondern im Verlauf der europäischen Geschichte schon ein wenig öfter im Vordergrund gestanden hat (wie beispielsweise während der Berliner Blockade in den Jahren 1948/49): Die gesamte Auseinandersetzung zwischen der westlichen Welt und dem sowjetischen Reich während des sogenannten Kalten Kriegs drehte sich im Kern um nichts anderes als darum, den unterdrückten Menschen die Erfüllung jener gemeinsamen

Wertvorstellung, die sich in dem Wort »Freiheit« niederschlägt, zu ermöglichen.

Dasselbe gilt für den hohen Rang der Rechtsstaatlichkeit, der uns miteinander verbindet. Auch insofern spricht ein eher lächerlicher Streit Bände, der sich nach der deutschen Wiedervereinigung in einigen intellektuellen Debattierzirkeln entwickelt hat. Manche Protagonisten, die zumeist in den Reihen der heutigen Linkspartei zu finden sind, haben sich dabei berufen gefühlt, die untergegangene DDR gegen den Vorwurf zu verteidigen, sie sei ein »Unrechtsstaat« gewesen.

In der Tat hat niemand ernsthaft behauptet, dass es dort nicht möglich war, vor Gericht die Erfüllung eines Kaufvertrages einzuklagen. Ebenso wenig ist zu bezweifeln, dass ein normaler Diebstahl nach gängigen strafrechtlichen Gesichtspunkten geahndet wurde. Berufungsmöglichkeiten zu einer höheren Instanz waren bei solchen Tatbeständen gleichfalls gewährleistet.

Die Schlussfolgerung, dass es sich damit um einen Rechtsstaat gehandelt habe, gleicht allerdings trotzdem einem Witz. Denn ein solcher zeichnet sich nun einmal dadurch aus, dass es im Verhältnis der Bürgerinnen und Bürger zum Staat selber klare Bestimmungen gibt, deren Anwendung nicht nach Belieben umgebogen werden kann und jederzeit der Überprüfung durch unabhängige Gerichte unterliegt. Das aber war im ganzen sowjetischen Herrschaftsbereich nie der Fall – und deswegen auch die DDR im eigentlichen Sinne des Wortes zutiefst ein Unrechtsstaat.

Hinter allen diesen uns Europäern gemeinsamen Wertvorstellungen stehen, wie gesagt, die Errungenschaften der Aufklärung. Zugleich ist damit gesagt, dass selbst noch unser tägliches Denken und Handeln in recht merkwürdiger Weise durch Grundsätze geprägt sind, über deren Bedeutung sich eine überwältigende Mehrheit noch nie ernsthaft Gedanken gemacht hat. »Aufklärung«? Was ist das? Und wenn schon nur die wenigsten eine Antwort darauf kennen, wie kann der Begriff dann den Europäerinnen und Europäern als grundlegende Wertvorstellung gemeinsam sein? Natürlich ist hier nicht der Platz, lang und breit auf Geschichte und Bedeutung der Aufklärung einzugehen. Letzten Endes ging und geht es um die Ablösung jeglicher Form von Aberglauben durch menschliche Vernunft. Über Jahrhunderte hinweg haben große Geister aus vielen Nationen daran mitgewirkt. Namen wie Rousseau, Voltaire, Hume und Kant zählen an vorderster Stelle dazu. Von Kant stammen auch die berühmten Sätze, die anschaulich genug zusammenfassen, was Aufklärung bedeutet: »Aufklärung ist der Ausgang des Menschen aus seiner selbstverschuldeten Unmündigkeit ... Sapere aude! Habe Mut, dich deines eigenen Verstandes zu bedienen!« Und: »Handle so, dass die Maxime deines Willens jederzeit zugleich als Prinzip einer allgemeinen Gesetzgebung gelten könne.«

Genau diese Einstellung ist es, die seither überall in Europa unser Denken und unser Selbstverständnis prägt. Viele sind sich dessen bewusst, die Meinungen und das Handeln der anderen werden unverkennbar auch dann durch sie geleitet, sollten sie allenfalls nur eine unbewusste Ahnung davon haben. Ausnahmslos alle bestimmenden Elemente unseres Zusammenlebens beruhen darauf: die Trennung zwischen politischer Macht und religiösem Glauben, die Souveränität des Volkes und eine demokratische Staatsordnung, die Toleranz gegenüber dem Standpunkt anderer, die Gleichberechtigung aller Menschen, der Rechtsstaat – und die Überzeugung von der Freiheit des Einzelnen, sofern und soweit er umgekehrt die Freiheit der anderen respektiert. Entstanden sind aus alledem zwei Eigenheiten, die – wie gesagt – für Europa charakteristisch sind und sich in dieser Form nirgendwo sonst (außer in den USA, die sie von den Europäern übernommen haben!) wiederfinden: unsere stets lebendige Neugier und unser Widerspruchsgeist, der sich in einer einzigartigen Kultur des ständigen Streits um die bessere Lösung niederschlägt.

Warum die Europäerinnen und Europäer zu diesen Errungenschaften gelangt sind, warum sich diese Wertvorstellungen zu einer sie alle miteinander verbindenden gemeinsamen Kultur geformt haben, ist leicht zu erklären. Peter Prange hat es so formuliert: »Im Unterschied zu anderen ... Zivilisationen denkt und handelt Europa im Bewusstsein seiner Geschichte. Dazu gehört, ... das Leid des jeweils anderen zu erkennen und vom eigenen Leid zu berichten«. In der Tat, wer könnte es übersehen: Entstanden ist die europäische Wertegemeinschaft, weil wir alle miteinander aus den bitteren, den fürchterlichen Erfahrungen unserer Geschichte gelernt haben, lernen mussten. Zugleich kann man freilich nicht überzeugender deutlich machen, warum diese Wertegemeinschaft zwar einzigartig ist – und doch keinerlei Anlass zu irgendeiner Form von Überheblichkeit gegenüber anderen Menschen auf der Erde gibt!

X.

DAS NEUE EUROPA

Wir können nun auf die entscheidende Frage zurückkommen, wie sich denn eigentlich jene »weitere Vereinigung Europas« darstellen lässt, von deren Notwendigkeit dieses Buch überzeugen will. Fest steht, dass sie etwas fundamental anderes sein muss als das bisherige Europa der Politiker, Bankiers und Bürokraten. Andererseits, wer könnte das schon übersehen, mag eine solche Milchmädchenwahrheit auch ausreichen, um den Stammtischen Argumente für das Gegenteil zu liefern. Als alleinige Begründung für ein Konzept, mit dem die stimmberechtigten Bürgerinnen und Bürger eines nicht allzu fernen Tages erfolgversprechend um ihre Zustimmung gebeten werden könnten, wird sie also nicht ausreichen.

Vielmehr sind zwei Elemente, zwei Grundsteine unverzichtbar, auf denen das Projekt eines zukünftigen Europa gebaut werden muss. Sie müssen sozusagen sein Kernbekenntnis bilden, damit alle von uns davon überzeugt sein können, dass sie unverrückbar sind: Das vereinte Europa muss, wenn es einen solchen Namen verdienen soll, in der Lage sein, die eigenen Interessen im Verhältnis zu jeglichen Gesprächs- und Verhandlungspartnern gemeinsam und ungeteilt zu vertreten – und es muss zugleich so gestaltet sein, dass als Kraftquelle seiner einzigartigen geistigen wie technischen Kreativität die eigenständige Vielfalt seiner Mitgliedsländer ungeschmälert erhalten bleibt.

Eine Kombination von zentral zusammengefasster Handlungsfähigkeit und dezentraler Eigenheit? Kein Zweifel: Auf Anhieb klingt das mehr als widersprüchlich. Hinzu kommt, dass sich dahinter ein Patentrezept für herrlichsten Populismus verbirgt. Zuerst entdeckt hat es vor mehr als 60 Jahren der Staatspräsident des Landes Baden, Leo Wohleb. Er behauptete ernsthaft, dass die Eingliederung seines damals noch selbständigen Landes in das neue Bundesland Baden-Württemberg das Ende aller Bemühungen um ein vereintes Europa nach sich ziehen werde. Andere wiederum meinen, die Schweiz mit ihrem Zusammenspiel von Kommunen, Kantonen und Bundesrat als Vorbild empfehlen zu sollen (obwohl es gewiss keinen besseren Weg geben könnte, um das Gelingen jeglicher europäischer Gemeinsamkeit von vornherein in das Reich der Utopie zu verweisen). Beide Argumente machen jedenfalls deutlich, dass es für diejenigen, die wir mit höchster politischer Führungsverantwortung betrauen, künftig nicht mehr ausreichen darf, weiter nach dem Strickmuster der augenblicklichen Bundeskanzlerin zu verfahren. Ein vereintes Europa, das diesen Namen verdienen soll, wird und muss etwas grundlegend anderes sein als das, was sich seine Völker im Verlauf des 19. Jahrhunderts als ihren »Nationalstaat« erträumt haben – zugleich wird und muss es aber auch weit mehr sein als nur ein Club von Staats- und Regierungschefs, die meinen, jeweils nach Belieben frei darüber entscheiden zu können, ob die jeweiligen nationalen Eigenheiten durch ihre Beschlüsse gewahrt oder aufgegeben werden.

Davon nicht nur eine große Mehrheit der Menschen in den beteiligten Ländern zu überzeugen, sondern genauso auch rückwärtsgewandte, auf ihre vermeintlich so kostbaren Souveränitätsrechte pochende Politiker: Wahrhaft eine Aufgabe, die weit mehr erfordert als die ohnehin schon aufreibende Last, mit der europäischen Schuldenkrise fertig zu werden. Ich weiß: Fast käme es einem Glücksfall der Geschichte gleich, sollten sich gleich in mehreren europäischen Staaten Politikerinnen und Politiker finden, denen solcherlei Gaben beschieden sind.

Und doch hat es vergleichbare Konstellationen eben in der europäischen Nachkriegszeit gegeben. Den nächsten Schritt in diese Richtung muss nun freilich jedes der Mitgliedsländer selbst tun. Auch wir!

Der Soziologe Ralf Dahrendorf hat das Problem sogar auf einen einzigen Satz eingeengt:»Die Globalisierung entzieht dem Nationalstaat – als bisher einzigem erfolgreichem Domizil einer funktionsfähigen Demokratie – seine ökonomische Grundlage.« Sollte dies tatsächlich zutreffen, könnte es für das europäische Projekt insofern ein schwerwiegendes Dilemma zur Folge haben, als die unvermeidliche Übertragung klassischer nationalstaatlicher Hoheitsrechte an die Union zugleich eine Schwächung der demokratischen Mitwirkungsrechte in den Mitgliedsländern bewirken würde. In der Tat ist dies ja genau das Thema, mit dem sich das Bundesverfassungsgericht bereits mehrfach – zuletzt in seiner dramatischen Entscheidung über das Inkrafttreten des ESM – zu befassen hatte. Aber muss die mit einer weiteren Vertiefung der europäischen Einheit verbundene Übertragung bisheriger nationaler Befugnisse auf gemeinsame Institutionen wirklich mehr oder minder zwangsläufig zu einer Gefährdung der demokratischen Errungenschaften führen? Die Antwort lautet: Die Gefahr muss zweifellos ernst genommen werden – aber sie kann vermieden werden!

Zunächst einmal sollten wir uns nicht ins Bockshorn jagen lassen. Die Realitäten der zurückliegenden europäischen Entwicklungen belegen, dass die jeweils unter dem Dach der einzelnen Nationalstaaten vereinten Regionen und Landsmannschaften keineswegs ausnahmslos mit dem Ausmaß der ihnen zugedachten demokratischen Mitbestimmungsrechte zufrieden sind. Denkt man etwa an den nahezu täglich neu aufflammenden Streit zwischen Flamen und Wallonen in Belgien, an die immer aggressiver werdenden Unabhängigkeitsbestrebungen in Schottland oder – nicht zuletzt! – an die teilweise mörderischen Auseinandersetzungen mit der baskischen Terrororganisation ETA in Spanien, wird auch sofort klar, dass es sich nicht um Ausnahmenfälle handelt, die vernachlässigt werden können.

*

»E pluribus unum« – »Aus den vielen das eine«: So lautet der Sinnspruch im Staatswappen der Vereinigten Staaten von Amerika. Um zu verstehen, wie sehr das gesamte politische Geschehen des bei weitem mächtigsten Staates der Erde bis heute durch diesen Grundsatz geprägt ist, genügt schon ein ganz kurzer Blick auf seine Entstehungsgeschichte.

Nach der 1776 gemeinsam durch die 13 voneinander unabhängigen Gründungsstaaten erklärten Loslösung von ihrem Mutterland England – der »Declaration of Independence« – entwickelte sich eine jahrelange Auseinandersetzung über die Grundzüge einer Verfassung für die angestrebte staatliche Vereinigung. Kontrahenten waren die sogenannten »Federalists«, die eine weitgehend zentralisierte Staatsstruktur anstrebten, und die sich damals als »Democratic-Republicans« bezeichnenden Anhänger einer durch möglichst wenige zentrale Funktionen eingeengten Rolle der Einzelstaaten. Der Kompromiss, der 1787 schließlich zur Verabschiedung der – in ihren Grundzügen bis heute unveränderten – Verfassung der USA führte, beruhte schließlich auf einem sorgfältig ausgewogenen System von gegenseitigen Kontrollen zwischen den Mitgliedsstaaten und der Union. Dazu zählte (inzwischen kaum noch als Realität wahrgenommen und dennoch formell weiter bestehend!) die doppelte Staatsbürgerschaft (»citizenship«) sowohl im Heimat- als auch im Bundesstaat. Nicht weniger wichtig jedoch, weil eine der zwar ungeschriebenen, aber gerade deswegen ungeteilt als grundlegend empfundenen Leitideen des neuen Staatswesens: der für alle Institutionen ebenso wie für die Bürgerinnen und Bürger unantastbare Respekt vor den Überzeugungen der damaligen »Founding Fathers«, der Gründerväter der Union.

Die Versuchung ist nahezu unwiderstehlich, vor einem solchen Hintergrund Parallelen zum Thema dieses Buches zu ziehen. Gewiss: Die geschichtlichen Begleitumstände unterscheiden sich grundlegend von den heutigen. Die Gründerväter standen insofern unter einem für jedermann erkennbaren, weil lebensgefährlichen Druck, als die bisherigen Kolonien ohne eine sofortige Bündelung ihrer Kräfte mit Sicherheit durch Großbritannien militärisch besiegt worden wären. Alle wussten also, dass es keine ernsthafte Alternative zum Zusammenschluss gab.

Und trotzdem: Jene »Founding Fathers«- das waren Persönlichkeiten wie George Washington, Alexander Hamilton, Benjamin Franklin oder John Adams, allesamt ebenso weitsichtige wie unabhängige Geister, denen im Ernst niemand vorwerfen konnte, aus eigensüchtigen oder gar billigen populistischen Motiven zu handeln. Sie waren glaubhaft, mutig und selbstlos, mit anderen Worten: Vorbilder. Genau diese Eigenschaften aber sind bei denjenigen, denen wir zuletzt die führende Verantwortung für den Fortgang des europäischen Einigungsprozesses übertragen haben, eher rar geworden. Deren Staatskunst besteht aus geschicktem Lavieren, dem taktischen Hinausschieben unangenehmer Fragen – mit einem Wort: aus fehlendem Mut, offen und deutlich zu sagen, wofür man steht, welche Vision man als Ziel vor Augen hat. Genau darin aber wird der Unterschied zum damaligen Wirken der »Founding Fathers«, zu ihrem Rang als geschichtsmächtige Persönlichkeiten, deutlich.

Geschichtliche Vergleiche sind stets mit Vorsicht zu betrachten. Deswegen wird – wie gesagt – vermutlich kaum jemand ernsthaft auf die Idee verfallen, die damalige Situation auf dem nordamerikanischen Kontinent mit derjenigen der heutigen Europäer gleichzusetzen. Trotzdem sind gewisse Parallelen unübersehbar. Für die Gründungsstaaten der USA ging es in der Tat um das freiheitliche Überleben ihrer Bürgerinnen und Bürger. Die Gefahr, der sich Europa gegenübersieht, ist zweifellos viel weniger offensichtlich. Sie geht nicht von der militärischen Überlegenheit irgendwelcher erklärten Feinde aus. Doch wer auch nur ein wenig über den Tellerrand des Tagesgeschehens hinauszublicken vermag, kann sehen, dass die Bedrohungen des globalen

Wettbewerbs für die in Europa lebenden Menschen nicht weniger gefährlich sind – auch wenn sie sicherlich nicht unmittelbar ihre freiheitliche Lebensordnung und ihr friedliches Zusammenleben, sondern zunächst nur ihren Wohlstand betreffen.

Die Frage lautet daher: Was kann uns Europäer endlich aufwecken, endlich dazu bewegen, unsere traditionelle Skepsis gegenüber grundlegenden Veränderungen aufzugeben und die Vereinigung Europas wirklich entscheidend voranzubringen? Bedarf es dazu einer ernsthaften politischen oder wirtschaftlichen Katastrophe, die uns die Augen öffnet? Müssen wir uns tatsächlich darauf beschränken, beharrlich zu sein und in Kauf zu nehmen, dass die berühmte Echternacher Springprozession eben nicht nur aus einem stetigen Voranschreiten bestand, sondern dazwischen liegende Rückschritte notwendig dazugehörten? Besteht nicht die Gefahr, dass all diese Bemühungen eines Tages in Resignation enden?

Andererseits: Keine Maus beißt einen Faden daran ab, dass jeder Versuch, sozusagen mit einem Kraftakt einen »großen Wurf« in die Tat umzusetzen, schon am nächsten Tag an einer Unzahl unüberwindlicher Widerstände in allen Mitgliedsländern und in einem sie begleitenden Mediensturm scheitern müsste.

Aus diesem Dilemma gibt es nur einen Ausweg. Ihn zu beschreiten ist dringlicher denn je. In der Tat ist es allerhöchste Zeit, das Ziel, um das es geht, endlich wieder mit einer Art von Überzeugungskraft zu vertreten, die man heutzutage gern als »Empathie« zu bezeichnen pflegt. Die Wiedergeburt einer Vision für Europa, die tatsächlich einen solchen Namen verdient, kann nur lauten: die »Vereinigten Staaten von Europa« (oder meinetwegen etwas vergleichbar Einprägsames!) – nicht als billige Kopie der USA, sondern als ein neuer, junger, stolzer und selbstbewusster Weg in eine erfolgreiche Zukunft.

In diesem Sinne hat Ulrich Beck, der brillante Soziologe, von einem »kosmopolitischen Europa« gesprochen – und mahnend angefügt: »Wo bleibt der europäische Willy Brandt?«

»Vereinigte Staaten von Europa«: Ich weiß wohl, dass ich spätestens an dieser Stelle bezichtigt werde, tollkühnen Illusionen anzuhängen. Die einen sind schnell mit dem Totschlagsargument zur Hand, dass sich dahinter nichts als die Absicht verberge, den unersättlichen bürokratischen Moloch namens Brüssel zulasten der regionalen Eigenständigkeit mit uferloser Befehlsgewalt auszustatten – die anderen halten es für grob leichtfertig, durch die Verwendung eines Begriffs, der unvermeidlich zu Fehldeutungen über seinen Inhalt führen muss, das eigentliche Projekt der europäischen Vereinigung in Misskredit zu bringen.

Rückblicke in die Geschichte und die Lehren, die sich daraus ableiten lassen, sich hie und da an das Werden und Vergehen des alten Römischen Reichs oder auch an den Vielvölkerstaat des österreichisch-ungarischen Habsburgerreichs und seine Strukturen zu erinnern – das könnte in diesem Zusammenhang durchaus interessant sein. Das Römische Reich konnte sich freilich nur deswegen so eindrucksvoll über die Jahrhunderte hinweg behaupten, weil es sich aus einem einzigen Machtzentrum heraus entwickelt hatte, dessen politische, kulturelle und wirtschaftliche Legitimität niemand infrage stellen durfte. Der Untergang Österreich-Ungarns hingegen war – neben mannigfachen anderen Gründen – einfach deswegen unausweichlich, weil die immer schwächer werdende Monarchie der Wucht der wie ein Buschfeuer um sich greifenden nationalstaatlichen Ideologie nichts mehr entgegenzusetzen hatte. Ein künftig vereintes Europa muss also aus eigener Überzeugungskraft heraus entstehen – nicht aus nostalgischen Rückgriffen auf vergangene Zeiten. Freilich ist dafür, ob man es wahrhaben will oder nicht, eine erkennbare Zielsetzung erforderlich. Und ich bleibe dabei: Diese kann, ja muss, »Vereinigte Staaten von Europa« heißen!

*

2004, vor bald zehn Jahren, hatten sich die Mitgliedsstaaten schon einmal auf den Weg gemacht, die Strukturen der EU grundlegend zu reformieren. Mehrheitsentscheidungen sollten das lähmende Einstimmigkeitsprinzip ablösen, die Brüsseler Kommission sollte nicht nur verkleinert, sondern zugleich durchsetzungsfähiger, die Bürgernähe des Parlaments drastisch erweitert werden. All diese löblichen Absichten scheiterten jedoch kläglich, gekrönt durch den negativen Ausgang der Volksabstimmungen über den einschlägigen Verfassungsvertrag in den Niederlanden und in Frankreich, wo der in jeder Hinsicht ausgelaugte Präsident Chirac längst jegliche europäische Überzeugungskraft verloren hatte. Die darauf folgende Ratlosigkeit in den Mitgliedsländern führte zu dem verzweifelten Ausweg, mithilfe von ausgeklügelten juristischen Ausnahmeregelungen und Detailbestimmungen die Notwendigkeit von Referenden über ein neu formuliertes Vertragswerk zu umgehen. Selbst die Ratifizierung dieser »abgespeckten« Version löste freilich nochmals langwierige Auseinandersetzungen aus, die zu weiteren Aufweichungen der vereinbarten Regelungen zwangen, bevor der Vertrag endlich am 1. Dezember 2009 in Kraft treten konnte. Inzwischen hat sich dieser »Vertrag von Lissabon« mit seinen dazugehörenden unzähligen »Protokollen« und einer Länge (im offiziellen Amtsblatt der Union) von immerhin 230 Seiten – wie zu erwarten – als genau jene Monstrosität erwiesen, deren Funktionsweise nur noch hoch spezialisierte Fachleute, nicht aber die einfachen Bürgerinnen und Bürger wenigstens einigermaßen durchschauen, geschweige denn verstehen können.

Nehmen wir nur die vielgepriesene Einigung als Beispiel, künftig eine »Präsidentschaft« der Europäischen Union einzurichten. Nachdem man sich zumindest einigermaßen daran gewöhnt hatte, dass die in Brüssel ansässige »Europäische Kommission« durch den Portugiesen José Manuel Barroso als ihren »Präsidenten« geleitet wurde, kam jetzt ein weiterer »Präsident« ins Spiel. Seine Aufgabe besteht darin, die Sitzungen des sogenannten »Europäischen Rats«, im Klartext: des Rats der Staats- und Regierungschefs der 27 Mitgliedsländer, vorzubereiten und zu leiten. Kaum kann es überraschen, dass man sich für diese Aufgabe recht reibungslos und schnell auf eine Persönlichkeit wie den früheren belgischen Ministerpräsidenten Herman Van Rompuy einigte – der sich zwar in durchaus vorteilhafter Weise durch seine sachorientierte Bescheidenheit, freilich sehr viel weniger durch eine erkennbare Neigung zur inhaltlichen Führung auszeichnet.

Ähnliches gilt für die Einrichtung jener bereits erwähnten Instanz, mit der man der ebenso ironisch-saloppen wie legendären Mahnung des früheren amerikanischen Sicherheitsberaters und Außenministers Henry Kissinger begegnen will, wonach ein vereintes Europa endlich »unter einer einzigen Telefonnummer erreichbar sein« müsse. Zwar gehörte der Brüsseler Kommission schon seit langem ein für Fragen der Außenpolitik zuständiges Kommissionsmitglied an – aber von nun an sollte angeblich sichergestellt werden, dass die Mitgliedsländer außenpolitisch eine nach außen einheitliche Position vertreten. Bestimmt für diese Aufgabe wurde jedoch nicht etwa ein erfahrenes außenpolitisches Schwergewicht, sondern eben die bis dahin weithin unbekannte britische Labour-Politikerin Catherine Ashton. Zwar ist ihr das mit Sicherheit nicht persönlich zur Last zu legen, doch die Folgen sind jeden Tag zu bewundern. Ein handfestes Beispiel dafür bietet das Fehlen einer durchdachten europäischen Politik für die Zukunft von Balkanstaaten wie Serbien, Bosnien-Herzegowina oder Montenegro, um die sich offensichtlich niemand mehr ernsthaft kümmert, nachdem sich die Aufmerksamkeit der Staats- und Regierungschefs auf die (vermeintlich) wichtigeren Dinge konzentriert – und natürlich weit schlimmer noch die schreckliche Entwicklung in Syrien, zu deren Beendigung die Europäer nichts anderes beigetragen haben als wohlklingende Mahnungen.

Es gibt nur eine einzige Erklärung für diese kaum noch zu überbietenden organisatorischen Skurrilitäten: Man meinte, der staunenden Öffentlichkeit vorgaukeln zu können, dass man sich nach schwerem innerem Ringen und mit staatsmännischem Mut entschlossen habe, zugunsten eines sich weiter vereinigenden Europa auf wesentliche Bestandteile der eigenen staatlichen Souveränität zu verzichten. Der Haken war leider nur, dass jeder, der sich nicht den eigenen Verstand durch die Sirenentöne der Mächtigen vernebeln ließ, das Spiel allzu leicht durchschauen konnte. Zum Schluss kam dabei nicht mehr heraus als ein weiterer Beitrag zum Prozess der ohnehin seit Jahren im Gang befindlichen Abnutzung der europäischen Glaubwürdigkeit.

*

Das Chaos hängt untrennbar mit dem Vertrag von Lissabon zusammen. Weil man vor dem Hintergrund der gescheiterten Volksabstimmungen in Frankreich und den Niederlanden nicht mehr den Mut hatte, den Präsidenten der Kommission zugleich zum Vorsitzenden des »Europäischen Rats« der Staats- und Regierungschefs, also zu einem wahrhaften Präsidenten der Europäischen Union, zu machen, hat man sich – wie üblich – auf einen faulen Kompromiss geeinigt. Indem man zwar die Möglichkeit einer späteren Vereinigung beider Ämter in einer Person offenließ, wurde diese sogleich an eine einstimmige, also niemals ernsthaft zu erwartende Beschlussfassung ebendieses Europäischen Rats geknüpft. Inzwischen dürfte die Behandlung der großen europäischen Staatschuldenkrise durch die Staats- und Regierungschefs auch dem treuherzigsten Beobachter des Geschehens unmissverständlich klargemacht haben, dass die Europäische Kommission in Brüssel allenfalls die zweite Geige zu spielen hat, sobald wirklich grundlegende Fragen Europas auf der Tagesordnung stehen.

Der Vorgang ist symptomatisch. Gewiss ist die – an der Zukunft des Euro als der gemeinsamen Währung festgemachte – Staatschuldenkrise und der dadurch ausgelöste Zwang, in einer unvorstellbaren Größenordnung finanzielle Hilfsmaßnahmen zu vereinbaren und zu mobilisieren, wie eine Sintflut über die Europäer hereingebrochen. Niemandem ist vorzuwerfen, dass zunächst alle Aufmerksamkeit darauf gerichtet sein musste, den Zusammenbruch des gesamten Währungssystems und damit eine tödliche Katastrophe zu verhindern. Verschleiert wurde freilich auf diese Weise ein Mangel, der die Zukunft Europas, der seine politische, wirtschaftliche und kulturelle Behauptung in der sich globalisierenden Welt gleich in doppelter Hinsicht gefährdet: Keine oder keiner der verantwortlichen Staats- und Regierungschefs – an der Spitze die deutsche Bundeskanzlerin – hat bisher erkennen lassen, wie die politische Zukunft eines vereinten Europa aus ihrer Sicht konkret aussehen soll, und keine oder keiner von ihnen – eingeschlossen Angela Merkel – hat auch nur in Ansätzen die Fähigkeit erkennen lassen, eine Mehrheit der Bürgerinnen und Bürger Europas von einem solchen Konzept zu überzeugen. Übrig geblieben ist ein verbreitetes Gefühl, dass sich die verantwortliche politische Führung darin erschöpft, ebenso hektisch wie ratlos dem Treiben der sogenannten »Märkte« hinterherzulaufen – was zudem nicht nur zutrifft, sondern einem fast schon unglaublichen Skandal gleichkommt, wenn man sich vor Augen hält, dass sich hinter diesen »Märkten« in Wirklichkeit eine ganze Schar unverantwortlicher Lobbyisten und Spekulanten verbirgt.

Dagegen hilft nur eine Medizin: Die im Vorfeld des gescheiterten Lissabonner Vertrags schon weit vorangebrachte Diskussion über die Strukturen einer künftigen europäischen Verfassung muss dringend wiederaufgenommen werden. Ohne einvernehmliche Klärung der damit aufgeworfenen Fragen durch die Staaten, die ernsthaft an einer Weiterführung der europäischen Vereinigung interessiert sind, wird nicht zuletzt auch ein in jeder Hinsicht bemerkenswerter Vorschlag der luxemburgischen Kommissarin Viviane Reding nichts als eine schöne Illusion bleiben. Er lautet, noch vor dem Ende des laufenden Jahrzehnts eine »Europäische Politische Union« in die

Tat umzusetzen. Unverzichtbar würde nämlich zweierlei dazugehören: die in Sonntagsreden immer wieder gern beschworenen »Stärkung« des europäischen Parlaments und der Mut, die bisherige »Europäische Kommission« – in Abgrenzung von der künftigen Rolle des »Rats der Staats- und Regierungschefs« – zu einer echten europäischen Regierung auszubauen. In ähnliche Richtung geht eine Initiative, mit der unser derzeitiger Außenminister versucht hat, eine Spur von Aufmerksamkeit für sein bisher so glückloses Wirken zurückzugewinnen.

Gewiss gibt es selbst für diese beiden Probleme keine Patentlösungen. Umso dringender ist es freilich, sie nicht vor sich herzuschieben, indem man irgendwelche informellen Gremien damit beauftragt, geeignete Vorschläge zu erarbeiten. Ähnliches wurde schon früher versucht, indem man für diese Zwecke unter Vorsitz von Giscard d'Estaing eine Anzahl verdienter Persönlichkeiten damit beauftragte, den Abschluss des Lissabonner Vertrages vorzubereiten. Das Ergebnis war vorherzusehen, nachdem es die beteiligten Regierungen – und insbesondere die jeweiligen Staats- oder Regierungschefs – vermieden, diese Arbeiten mit ihrem eigenen Engagement zu unterstützen.

Die Erfahrungen mit dem Verlauf der europäischen Staatsschuldenkrise genau wie die zwischenzeitliche Entwicklung der weltweiten Wirtschafts- und Finanzbeziehungen zwingen jetzt endgültig dazu, auf eine Wiederholung derartiger Ausfluchtmanöver zu verzichten. So spricht José Manuel Barroso vor dem Europäischen Parlament plötzlich von dem baldigen Umbau der EU in »eine Föderation von Nationalstaaten« (lässt dabei allerdings gnädig offen, ob sich dahinter mehr verbirgt als eine Wiederbelebung der lange zurückliegenden Vorstellungen von Jacques Delors). Wirklich spannend wird es da werden, zu verfolgen, welche konkreten Beschlüsse am Ende – und hoffentlich bald nach dem Erscheinen dieses Buchs! – auf die Vorschläge folgen, die im Oktober 2012 unter Vorsitz von Herman Van Rompuy durch Jean-Claude Juncker, José Manuel Barroso und den Chef der Europäischen Zentralbank, Mario Draghi, vorgelegt worden (und offensichtlich zunächst einmal auf die üblichen Bedenken der deutschen Bundesregierung gestoßen) sind.

Der Mut und die Bereitschaft, sich als Ergebnis einer offenen Diskussion klar und deutlich zu den europäischen Zielen zu bekennen, für die man einsteht, muss jedenfalls zum wichtigsten Kriterium für die Qualifizierung aller Parteien und ihrer Führungspersönlichkeiten werden, die sich künftig demokratischen Wahlentscheidungen zu stellen haben.

Für mich kann es nicht die Spur eines Zweifels geben, dass die bisherige »Europäische Kommission« sowohl hinsichtlich ihrer Aufgaben als auch ihrer Struktur und ihrer Zusammensetzung grundlegend umgestaltet werden muss. Sie muss zu einer Institution werden, die tatsächlich den Namen »Regierung« verdient. Das setzt allerdings unverzichtbar eine für jedermann nachvollziehbare demokratische Legitimation voraus. Jegliche »Konstruktionsversuche« für eine Regierung, mögen sie noch so fein ausgeklügelt sein, sind nämlich zu Recht zum Scheitern verurteilt, wenn sie nicht dazu führen, dass eine breite Mehrheit aller Wählerinnen und Wähler in den beteiligten Ländern ein solches politisches Führungsgremium als »ihre Regierung« verstehen und empfinden kann.

Um das zu erreichen, gibt es nur einen Weg: Jede Bürgerin und jeder Bürger muss sich klar sein können, dass das Zustandekommen, die Zusammensetzung und die politische Zielsetzung einer solchen Regierung unmittelbar durch ihre oder seine Stimmabgabe beeinflusst wird. Dabei bedeutet »unmittelbar« zwar nicht die Notwendigkeit einer Direktwahl des Präsidenten, wohl aber die Wahl der Regierungsmitglieder durch ein direkt gewähltes europäisches Parlament – anstelle der bisher üblichen Bestellung durch die Staats- und Regierungschefs, die (trotz der inzwischen erforderlich gewordenen Bestätigung durch das Parlament) unweigerlich dem Verdacht einer Kungelei unter den beteiligten Staaten ausgesetzt ist.

Als weitere Voraussetzung kommt eine Regelung hinzu, die bei einer Betrachtung der bisherigen Vereinbarungen mehr als kühn erscheinen muss. Sie ist trotzdem zwingend, wenn die europäische Vereinigung tatsächlich vorangebracht werden soll. Eine so gewählte europäische Regierung muss für jedermann erkennbar handlungsfähig sein – mit anderen Worten: Die bisherige Berechtigung der einzelnen Mitgliedsstaaten, jeweils eine bestimmte Zahl von »Kommissaren« zu benennen, die zu einer fast schon zirkusreifen Aufblähung geführt hat, muss abgelöst werden durch eine Reduzierung der Regierungsmitglieder auf die tatsächlich benötigten Fachressorts.

Wie viele dies sein werden, hängt von den politischen Verantwortlichkeiten ab, die künftig in die volle und alleinige Zuständigkeit der Europäischen Union fallen. Dabei geht es natürlich um die Kernfrage, inwieweit es gelingen kann, dem immer wieder diskutierten und – zu Recht! – eingeforderten Prinzip der Subsidiarität gerecht zu werden, ohne die gemeinsame Handlungsfähigkeit der Europäer in den für ihre Zukunft lebenswichtigen Fragen zu gefährden. Lebenswichtig: das sind die Außenpolitik, die Verteidigungspolitik, die Wirtschafts- und Wettbewerbspolitik, die Finanzpolitik, die Energie- und Umweltpolitik sowie eine Art von Zielvorgabe für die sozialpolitischen Standards. Für alle anderen Bereiche staatlichen Wirkens – wie etwa die Einzelheiten der Sozialpolitik, die Kulturpolitik oder die Rechtspolitik – mag zwar eine gewisse Koordinierung sinnvoll sein, im Übrigen aber muss für sie uneingeschränkt die eigene Entscheidungshoheit der Mitgliedsstaaten gewahrt bleiben.

Eine künftige europäische »Regierung«, die einen solchen Namen verdient, hätte sich also (zusammen mit dem vorsitzenden »Präsidenten« und einem möglichen zusätzlichen Mitglied für administrative Fragen) im Grunde genommen aus nicht mehr als bis zu zehn Mitgliedern zusammenzusetzen. Schon allein daraus folgt, dass es sich dabei nur um besondere Persönlichkeiten handeln kann – um Frauen und Männer, die durch ihr bisheriges Auftreten und ihre Leistungen auch außerhalb ihrer Heimatländer bekannt sind und denen mit der Wahl zugetraut wird, anstelle eines kleinlichen Schielens auf sogenannte heimatliche Interessen das gemeinsame europäische Wohl zu vertreten.

In diesem Zusammenhang hat der Bundesfinanzminister Wolfgang Schäuble – einer der klügsten und unerschütterlichen Befürworter der europäischen Vereinigung – anlässlich der Entgegennahme des Aachener Karlspreises erneut die Hoffnung geäußert, dass der »Präsident« einer solchen europäischen Regierung nach Art des amerikanischen Präsidenten durch eine unmittelbare Volkswahl bestimmt werden sollte. Zumindest auf den ersten Blick klingt das sicherlich überzeugend. Bei realistischer Betrachtung dürfte es sich freilich, wir sagten es schon, als (sympathische) Illusion erweisen: Die unverzichtbare demokratische Legitimation einer europäischen Regierung kann – jedenfalls bis auf weiteres – nur auf dem Weg einer Wahl durch das direkt gewählte europäische Parlament erreicht werden.

In gewissem Sinne ist Schäuble allerdings trotzdem Recht zu geben. Denn natürlich zielt sein Vorschlag zugleich darauf ab, dass es sich bei dem Chef oder der Chefin einer künftigen europäischen Regierung um eine Persönlichkeit handeln muss, die nicht nur durch ihr Können und ihre politische Geschicklichkeit, sondern durch ihren moralischen Rang, ihren politischen Mut und ihre erwiesene europäische Verlässlichkeit auf eine breite Zustimmung der Wählerschaft in allen beteiligten Ländern rechnen kann. Persönlichkeiten, auf die solche Kriterien zutreffen, gibt es durchaus. Eine davon wäre der luxemburgische Premierminister und langjährige Vorsitzende des Rats der Finanzminister, Jean-Claude Juncker, gewesen – doch schon seine naheliegende Berufung zum Präsidenten des »Europäischen Rats« (anstelle von Van Rompuy) ist offensichtlich deswegen nicht zustande gekommen, weil er aus der gemeinsamen Sicht von Angela Merkel und Nicolas Sarkozy womöglich allzu lange Schatten auf deren eigene überragende Bedeutung als die eigentlichen Strippenzieher der europäischen Entwicklung geworfen hätte ...

Groß ist sicherlich die Anzahl aller möglichen sonstigen Glasperlenspiele, wie die nächsten Schritte zu einer ernsthaften Vertiefung der europäischen Strukturen konkret aussehen könnten. Was die unverzichtbare Stärkung der demokratischen Legitimation angeht, gibt es allerdings nur einen denkbaren Weg, der geeignet wäre, die Mitwirkung zumindest einer deutlichen Mehrheit der bisherigen Mitgliedsstaaten zu sichern: die Einführung eines Zweikammersystems mit einem direkt gewählten »Parlament« und einem »Senat«, in den die (selbstverständlich weiter bestehenden) Parlamente der Mitgliedsländer jeweils – abhängig von ihrer Bevölkerungszahl – Senatorinnen und Senatoren entsenden. Begleitet werden könnte eine solche Regelung sicherlich durch den Erhalt des »Rats der Staats- und Regierungschefs«, dessen Befugnisse jedoch dann auf ein – an eine qualifizierte Mehrheit gebundenes – Vetorecht gegen bestimmte Beschlüsse der beiden Kammern der Volksvertretung zu beschränken wäre.

Von zumindest gleicher Bedeutung wäre eine grundlegende Abklärung, in welchen Fragen künftig die alleinige Entscheidungs- und Handlungskompetenz bei beiden Kammern der Volksvertretung und/oder der von diesen gewählten »Europäischen Regierung« liegen soll. Von den dafür vorrangig infrage kommenden politischen Sachgebieten war schon die Rede. Entscheidend wird es darauf ankommen, strikt darauf zu achten, dass das Prinzip der Subsidiarität berücksichtigt bleibt. Es könnte sich beispielsweise darin niederschlagen, dass die fragliche Gesetzgebungskompetenz des Parlaments auf die Vorgabe von Rahmenbestimmungen beschränkt bleibt – mit anderen Worten: dass die Parlamente der Mitgliedsländer genügend große Spielräume behalten, um die Durchführung dieser Rahmenbestimmungen unter Berücksichtigung ihrer jeweiligen Eigenheiten flexibel gestalten zu können.

Ernsthaft kann allerdings von einer Übertragung der entsprechenden nationalen Souveränitätsrechte auf die Gemeinschaft nur dann die Rede sein, wenn die EU bei der Finanzierung solcher Aufgaben nicht mehr von Mehrheitsbeschlüssen der Mitgliedsländer abhängig bleibt. Bisher unterliegt der Haushalt der Union in keiner Weise der eigenen Entscheidungshoheit. Zwar sind die Mitgliedsländer verpflichtet, vertraglich festgelegte Mittel zu überweisen. Deren Verwendung für bestimmte Zwecke wird jedoch (insbesondere über sogenannte »Töpfe«) jeweils im Einzelnen – neuerdings wenigstens unter Mitwirkung des Europäischen Parlaments – festgelegt. Zukünftig wird dies mit Sicherheit nicht mehr ausreichen. Vielmehr muss die EU endlich über eigene, ihrer alleinigen Entscheidung unterliegende Mittel verfügen. Dies aber macht es eben unvermeidlich, einen gehörigen Teil der einschlägigen Souveränitätsrechte von den Mitgliedsstaaten auf die Union zu übertragen – wobei zumindest bei uns in Deutschland das Bundesverfassungsgericht mehrfach zu Recht darauf aufmerksam gemacht hat, dass dafür nicht nur eine Änderung des Grundgesetzes, sondern eine Volksabstimmung zwingend erforderlich wäre.

Eigene Finanzmittel der EU für die Wahrnehmung ihrer Aufgaben auf den Gebieten der Außen-, der Verteidigungs-, der Wirtschafts- und der Finanzpolitik: das bedeutet nichts anderes als eine Wiederholung des aus Geschichte und Gegenwart nur allzu bekannten Streits zwischen den zentralen Instanzen und den Einzelmitgliedern eines Verbunds mehrerer weiter bestehender Staaten. In den USA ist er im Wesentlichen schon im Verlauf des 19. Jahrhunderts, wenn auch erst nach jahrzehntelangen und für den Zusammenhalt der Union äußerst gefährlichen Auseinandersetzungen, grundlegend geklärt und entschieden worden. An dem Disput zwischen Bundesregierung und Bundestag auf der einen, den Länderregierungen und ihren Parlamenten auf der anderen Seite über die Finanzierung so lebenswichtiger Ausgabenkomplexe wie etwa der Bildungspolitik lässt sich hingegen bis heute täglich ablesen, welcher

Sprengstoff für eine gemeinsame europäische Zukunft auf diesem Gebiet noch verborgen liegt.

Fast verzweifelt kommen einem da manche der vorgeschlagenen Lösungsversuche vor. Zum Beispiel gibt man sich hie und da der Hoffnung hin, dass man der EU die schon jetzt mehr als dringend benötigten finanziellen Spielräume durch Einführung der ominösen »Finanztransaktionssteuer« (früher nach ihrem geistigen Urheber allgemein »Tobin-Steuer« genannt) verschaffen könne. Doch nicht zuletzt der deutsche Finanzminister, der ebenso verdienstvoll wie beherzt darum zu kämpfen pflegt, ist damit bisher regelmäßig am eifersüchtigen Widerstand von Mitgliedsländern wie Großbritannien, den Niederlanden und Schweden gescheitert, die um ihre eigenen Steuereinnahmen aus der Tätigkeit der bei ihnen angesiedelten Finanzinstitute fürchten. Zwar könnte eine solche (inzwischen im Alleingang in Frankreich eingeführte) Steuer, würde sie wirklich konsequent umgesetzt und angewandt, tatsächlich einen nicht unbedeutenden ersten Grundstock für einen eigenständigen Haushalt der EU bilden. Auch dann wäre freilich ein nennenswerter weiterer Schritt unausweichlich – und realistisch käme dafür nur ein Anteil an der in den Mitgliedsländern anfallenden Mehrwertsteuer infrage. Dabei bedarf es keiner übertriebenen Fantasie, sich das Ausmaß der Widerstände vorzustellen, hält man sich nur vor Augen, von welchem Streit die Aufteilung dieser Steuereinnahmen zwischen den deutschen Ländern und der Bundesregierung seit jeher begleitet wird. Umso deutlicher wird, wie mutig die politische Führungskunst sein muss, die gefragt ist, wenn ernsthafte weitere Fortschritte hin zur europäischen Vereinigung gelingen sollen.

Hinzu kommt, dass selbst solche grundlegenden Schritte zur Stärkung der eigenständigen politischen Handlungsfähigkeit der Union für die Katz sein werden, wenn nicht eine zusätzliche Weichenstellung hinzukommt: ein für alle verbindlicher, an strenge Auflagen zur Haushaltsdisziplin gebundener, bei deren Einhaltung aber auch einzuklagender Finanzausgleich zwischen den Mitgliedsländern. Dazu zählen Instrumente nach Art der schon erwähnten Eurobonds. Deren längst überfällige Einführung ist, wie gesagt, lange genug am erbitterten Widerstand der deutschen Bundesregierung gescheitert. Dabei geht es längst nicht mehr nur um das Überleben des Euro als gemeinschaftlichen Währungssystems, sondern schlichtweg um den Kerngedanken einer politischen Union.

Um dies zu verstehen, genügt es, sich ganz einfach zu fragen, ob – jedenfalls auf die Dauer – ein gemeinsames politisches Handeln überhaupt denkbar sein kann, wenn die einzelnen Mitglieder für die Beschaffung der dafür benötigten Mittel unterschiedliche Zinsen aufzubringen hätten. Weil dies nicht der Fall sein kann, wird eine gemeinsame Mittelaufnahme, etwa durch die Auflegung staatlicher Anleihen, unvermeidlich sein. Unter der entschlossenen Führung ihres Präsidenten Mario Draghi hat die Europäische Zentralbank im letzten Herbst einen ersten mutigen Schritt in diese Richtung gewagt – mutig, weil sie damit ihre gesetzlichen Befugnisse zumindest bis zum Rand ausgeschöpft hat. Trotzdem wird kein Weg daran vorbeiführen, dass sich Deutschland künftig an den höheren Zinslasten beteiligen muss, die dadurch entstehen, dass solche Gemeinschaftsanleihen zwangsläufig teurer sein werden als eine Kreditaufnahme für die alleinigen Zwecke der Bundesrepublik. Nicht minder beschwerlich, doch nicht weniger unausweichlich ist im Übrigen auch die ins Auge gefasste (gern als »Bankenunion« bezeichnete) Einrichtung eines gemeinsamen Sicherungsfonds für die wichtigsten europäischen Banken, durch den sichergestellt wird, dass die Rettung dieser Institute vor dem Bankrott in Zukunft von ihnen selbst finanziert wird, also nicht mehr zulasten der beteiligten staatlichen Instanzen – und damit der Steuerzahler – gehen darf.

Keiner dieser Schritte wird leichtfallen. Dabei wird zwar das Geschrei der Lobbyisten anders klingen als die zu erwartende Empörung der Populisten, die – vermutlich mit der *Bild* als Anführer – wieder einmal lauthals davor warnen, unser schwer verdientes Geld und unseren mühselig erarbeiteten Wohlstand den chronischen europäischen Verschwendern und Faulpelzen in den Rachen zu werfen. Auch im Zusammenhang mit solchen unvermeidlichen Auseinandersetzungen weist allerdings auch insofern die amerikanische Geschichte beeindruckend aus, was politischer Mut und glaubhafte Führungsfähigkeit einzelner Persönlichkeiten bewirken können.

Die noch nicht lange zuvor ins Leben gerufenen Vereinigten Staaten standen gegen Ende des 18. Jahrhunderts vor einer lebensbedrohenden Krise. Nicht zuletzt der Unabhängigkeitskrieg gegen das englische Mutterland hatte die letzten finanziellen Reserven der Mitgliedsstaaten aufgezehrt. Guter Rat war teuer, durch wen die weiterhin zu erwartenden Ausgaben für die gemeinsame Verteidigung, aber auch für den Ausbau einer leistungsfähigen wirtschaftlichen Infrastruktur – wie etwa die bis dahin nicht ausreichenden Voraussetzungen für den Aufbau einer Güter erzeugenden Industrie – aufgebracht werden sollten. Die Mitgliedsstaaten hielten ihre Taschen zu und sträubten sich hartnäckig, in Erfüllung der beschlossenen Verfassung irgendwelche Leitungsfunktionen an zentrale Behörden in Washington abzugeben. Trotz der berauschenden Erfolge des ersten Präsidenten, George Washington, drohte ein Auseinanderbrechen und damit das Scheitern der Union – hätte es nicht einen Politiker gegeben, der sich nicht scheute, auch unangenehme Wahrheiten offen und ehrlich beim Namen zu nennen. Vor allem er war es, dem es auf diese Weise schließlich gelang, alle Beteiligten davon zu überzeugen, dass es in Wirklichkeit um Leben und Tod der amerikanischen Gemeinschaft ging.

Alexander Hamilton, der erste Finanzminister der Vereinigten Staaten, zählte zu den maßgeblichen Vertretern der schon erwähnten »Föderalisten«. Als solcher wurde er von seinen Gegnern beschimpft und verleumdet, ja, er starb im tödlichen Duell mit einem hartnäckigen Anhänger der Gegenpartei –

und doch kann im Rückblick kein Zweifel bestehen, dass die weltpolitische Erfolgsgeschichte der USA, die wir heutzutage als schiere Selbstverständlichkeit empfinden, ohne die mutige Überzeugungskraft von Alexander Hamilton im schnellen Fiasko geendet hätte.

*

Dieses geschichtliche Geschehen ist deshalb so lehrreich, weil sich die politischen Gegner einer fortschreitenden Vereinigung Europas mit Vorliebe der gleichen Argumente bedienen, mit denen damals gegen eine angebliche Gefahr ins Feld gezogen wurde. Behauptet wurde, dass eine uferlose Ausdehnung zentraler Leitungsfunktionen des Staates drohe, mit der Folge, dass die Freiheit der Bürgerinnen und Bürger auf dem Spiel stehe. Mit der gleichen Beharrlichkeit wird heutzutage gern darauf beharrt, dass die Abgabe klassischer Souveränitätsrechte an gemeinsame europäische Institutionen zwangsläufig eine grundlegende Beeinträchtigung der demokratischen Selbstbestimmung nach sich ziehen müsse – und für den Fall, dass diese Argumentation nicht ausreichend überzeugen sollte, ist man schnell dabei, vor dem bedrohlichen Aufbau einer anonymen Bürokratie zu warnen, die sich bald jeder Kontrolle entziehen werde.

Hans Magnus Enzensberger, ebenso brillanter wie umfassend belesener Essayist und Schriftsteller, zählt gewiss nicht zu denjenigen, die verkennen, wie wichtig eine vernünftig weitergeführte Vertiefung der europäischen Einheit ist. Hingegen ist er einer derjenigen, die sich mit einer nahezu kokettierenden Intensität gegen die angeblich zu befürchtenden Gefahren einer zentralen Brüsseler Bürokratie zu wehren versuchen. Zweimal bereits hat er sich in dieser Richtung in die Schlacht geworfen, 1987 mit seiner *Ach Europa!* benannten Schrift, kürzlich wieder mit dem *Sanftes Monster Brüssel oder die Entmündigung Europas* betitelten Band. Mit seiner durchaus liebenswerten

Intellektualität verkennt er freilich dabei, dass selbst noch so überzeugende, ja begeisternde politische Vorstellungen und Zielsetzungen regelmäßig untrennbar mit der Notwendigkeit verbunden sind, für ihre gesetzestreue Um- und Durchsetzung auf einen stabilen und verlässlichen Behördenapparat zählen zu können.

Freilich fällt es nicht schwer, über die unzähligen Reglementierungen herzuziehen, mit denen sich die Europäische Union bisher ausgezeichnet hat. Genüsslich hält Enzensberger dafür kuriose Beispiele bereit, die an jedem beliebigen europäischen Stammtisch herzhafte Lachsalven auslösen müssen. »So werden dem, der mit einem Presslufthammer arbeitet, Grenzwerte für ›Hand-, Arm- und Ganzkörperschwingungen‹ vorgeschrieben«, und »welcher Käse in Salzlake gereift ist, ist auf der Packung zu vermerken«. Es »wird festgelegt, dass ›bei Lauch und Porree der Güteklasse I mindestens ein Drittel der Gesamtlänge oder die Hälfte des umhüllten Teils von weißer bis grünlich-weißer Färbung sein muss‹, es sei denn, es handle sich um Frühporree oder Frühlauch, denn in diesem Fall ›muss der weiße oder grünlich-weiße Teil mindestens ein Viertel der Gesamtlänge oder ein Drittel des umhüllten Teils ausmachen‹«. Und »die Vorschriften für die Mindestgröße von Kondomen« bestimmen, dass ihre »›Länge nicht weniger als hundert Millimeter und die Weite nicht mehr als zwei Millimeter von der nominalen Weite abweichen‹ solle«.

Dabei ist Enzensberger klug genug, zu wissen, dass solche »Übergriffe und Schikanen« das »Bild der Europäischen Union kaum lebensbedrohend trüben«. Trotzdem sieht er in ihnen »Symptome ihrer tiefer liegenden Geburtsfehler«. In gewissem Sinne hat er sogar Recht. Er beklagt zum Beispiel, dass die französische Fassung des offiziellen Amtsblatts der Union schon mehr als 60 Millionen Worte umfasst und von den einschlägigen gesetzlichen Regelungen der weitaus geringere Teil von einem demokratisch legitimierten Parlament, die überwiegende Mehrzahl hingegen allein durch die Brüsseler Behörden beschlossen worden sind. Natürlich verbirgt sich hinter dieser Misere auch weit mehr als das, was Jacques Delors meinte, als er danach fragte, »wer sich schon in einen Binnenmarkt verliebe«. Es geht tatsächlich um »ein Kernproblem der Union«, nämlich das viel beklagte »demokratische Defizit«.

Darauf werde ich noch zurückkommen. Hier soll uns jedoch zunächst nur der nachgerade klassische Streit zwischen »Zentralisten« und »Regionalisten« beschäftigen. Soll sich Europa in der fundamental gewandelten Welt der Globalisierung behaupten, zwingt er zu der klaren Erkenntnis, dass die weitere Festigung der europäischen Einigung nur gelingen kann, wenn zukünftig das Prinzip der Subsidiarität strengstens eingehalten wird.

Wie schon angedeutet, bedeutet es, dass sich die Entscheidungshoheit der zentralen europäischen Institutionen – mit den beiden Häusern eines künftigen Parlaments an der Spitze – ausschließlich auf diejenigen Gebiete zu beschränken hat, die für die Gemeinschaft lebenswichtig sind. Oder, um noch einmal Jacques Delors zu zitieren: »Wenngleich Europa ... gemeinsame Werte besitzt, bleibt die Nation dennoch ein Element der Zugehörigkeit, das weder zu vernachlässigen ist noch überbewertet werden sollte (...) Deshalb bin ich für eine Föderation der Nationalstaaten.« Umgekehrt besagt dieser Grundsatz freilich auch, dass genau für diejenigen Bereiche, von denen in diesem Buch die Rede ist, endlich die Handlungsfähigkeit der zentralen und demokratisch dafür legitimierten europäischen Institutionen durchgesetzt werden muss.

Die kläglichen Erfahrungen selbst mit schüchternsten Versuchen, im Rahmen einer europäischen Verfassung ernsthafte Fortschritte in eine solche Richtung zu erreichen, sprechen für sich. Trotzdem ist es keineswegs blauäugig oder gar utopisch, auf die Fähigkeit und Bereitschaft einer überwiegenden Mehrheit nicht nur der Mitgliedsstaaten, sondern auch der Wählerinnen und Wähler zu vertrauen, eine solche grundlegende Neuordnung in Richtung auf eine demokratisch legitimierte europäische Staatsordnung in die Wege zu leiten. Dafür bedarf es allerdings weit mehr als nur der nüchternen, den Verstand überzeugenden Argumente. Gefragt ist – siehe der erwähnte Ruf nach einem neuen Willy Brandt! – etwas, was man ganz einfach als die Fähigkeit zu charismatischer politischer Führung bezeichnen kann.

Natürlich wird eine solche Hoffnung sofort auf wütenden Widerspruch stoßen. Charisma: Klingt in einer solchen Vorstellung nicht unüberhörbar die Sehnsucht nach abgehobener politischer Schulmeisterei durch, die sich, wenn man nicht aufpasst, schnellstens jeglicher demokratischer Kontrolle entziehen könnte? In Wahrheit geht es jedoch um nichts anderes als jene schon mehrfach angesprochene Glaubwürdigkeit. Mit Sicherheit wird es eben nicht ausreichen, sich einzig und allein auf Beschwörungen sachlicher Notwendigkeiten zu verlassen und die Gefahren zu beschwören, die uns bevorstehen, wenn wir uns den vorgeschlagenen Lösungen verweigern sollten. Es geht um die Fähigkeit, die Frau und den Mann auf der Straße auch emotional zu überzeugen – und dies bedeutet, ihnen unmissverständlich und schnörkellos nahezubringen, dass hier nicht kurzfristige materielle Vorteile auf der Tagesordnung stehen, sondern die Zukunft ihrer Kinder und Kindeskinder. Um den modischen Sprachgebrauch unserer Intellektuellen zu missbrauchen: Es geht um ein überzeugendes »Narrativ«.

Etwas Weiteres kommt hinzu: Das Vorhaben wird misslingen, sollte sich nur eine kleine Minderzahl von europäischen Führungspersönlichkeiten finden lassen, die über solche Eigenschaften verfügen. Zwar müssen es umgekehrt keineswegs alle von ihnen sein – doch nur dann, wenn sich über die nationalen Grenzen hinweg eine Gruppe von Persönlichkeiten zusammenfindet, deren moralische und ethische Substanz unbezweifelbar ist, kann schließlich der entscheidende Schritt in eine gemeinsame Zukunft Europas gelingen. In der Vergangenheit hat es das durchaus gegeben: Nicht nur Maurice Schumann, Konrad Adenauer und Alcide De Gasperi zählten dazu, sondern genauso Helmut Schmidt, Giscard d'Estaing und Edward Heath (und zuletzt mit Sicherheit auch Helmut Kohl). Allesamt waren sie keine politischen Träumer, sondern durchaus Persönlichkeiten, die ihr Metier – einschließlich seiner nicht immer sympathischen Seiten – von der Pike auf gelernt hatten und beherrschten. Doch man nahm ihnen ab, dass es ihnen nicht um ihre parteipolitischen oder engen nationalen Interessen ging, dass ihr Handeln und ihre Entscheidungen letzten Endes glaubwürdig getragen waren von einer Vision der europäischen Gemeinsamkeit.

Bei allem Respekt vor ihrer Leistung als Buchhalterin und Sparkommissarin: Bundeskanzlerin Angela Merkel zählt leider nicht dazu.

XI.

KEINE ANGST VOR EINER POLITIK DER ZWEI GESCHWINDIGKEITEN!

Eine übergroße Mehrzahl derjenigen, die von Berufs wegen das politische Geschehen in Europa beobachten, kommentieren oder begleiten, wird – ich weiß es wohl – den Ruf nach Persönlichkeiten, die unserer Beschreibung auch nur entfernt gerecht werden könnten, eher mit einem mitleidigen Lächeln aufnehmen. Durchaus berechtigt werden sie darauf hinweisen, wie komplex sich die allgemeinen Umstände entwickelt hätten. Fast liegt die Schlussfolgerung auf der Hand, dass es einem Wunder gleichkäme, wenn sich tatsächlich Menschen finden sollten, die fähig sind, vor einem solchen Hintergrund überzeugend den Weg zu weisen. Trotzdem: Vieles von dem, was hier zum Thema einer charismatischen Führungspersönlichkeit angemerkt wurde, konnte man vor gar nicht allzu langer Zeit durchaus an einem Namen festmachen.

Gemeint sind damit weder Jean Monnet noch einer der anderen »Gründerväter« der europäischen Vereinigung. Dafür, dass Monnet so erfolgreich europäische Geschichte schreiben konnte, gibt es – abgesehen von seinem persönlichen Genie – zwei Gründe: Zum einen half ihm der Zeitgeist, der bewirkte, dass die allenthalben lebendige Erinnerung an die Gräuel des Weltkriegs nach einer Vereinigung Europas rief, und zum anderen konnte er sich auf das Charisma so ungewöhnlicher Persönlichkeiten wie Konrad Adenauer oder Charles de Gaulle verlassen. Ein im Ergebnis ähnlicher Glücksfall ist Europa aber dennoch in einer späteren, mit entscheidenden weiteren Schritten verbundenen Entwicklungsphase noch ein weiteres Mal beschieden gewesen – und dieses Mal tatsächlich durch eine Persönlichkeit, die beides zugleich verkörperte: die Fähigkeit zur Durchsetzung kluger Kompromisse, verbunden mit der Überzeugungskraft, eine breite Öffentlichkeit für das europäische Ziel zu gewinnen. Sie trug erneut einen französischen Namen: Jacques Delors.

Zehn Jahre lang, von 1985 bis 1995, stand er als Präsident an der Spitze der Europäischen Kommission. Als er kam, galt er vielen außenstehenden Beobachtern als eher farbloser politischer Karrierist, zumindest aber als ein nüchterner, auf äußerste Sparsamkeit bedachter Verwalter der öffentlichen Finanzen. Er entstammte einem kleinbürgerlichen katholischen Elternhaus in der Provinz, dem man eher christliche und gewerkschaftsnahe Überzeugungen nachsagte. Für diejenigen, die mit den französischen Traditionen weniger vertraut waren, mochte es da auf den ersten Blick durchaus überraschen, dass er zwar – nach einem Studium an der Sorbonne – erste berufliche Erfahrungen bei der als konservativ bekannten französischen Staatsbank gesammelt, dann aber eine nahtlose Karriere sowohl in der Staatsverwaltung als auch in der Sozialistischen Partei durchlaufen hatte. Anfang der 80er Jahre hatte sie ihn schließlich zu höchsten Ehren geführt: Präsident François Mitterrand ernannte ihn zum Wirtschafts- und Finanzminister. In der allgemeinen Öffentlichkeit gab es wenig Zweifel, dass er demnächst dem Ministerpräsidenten Pierre Mauroy nachfolgen werde. Dies geschah zwar nicht, sondern aufgrund einer Absprache zwischen Mitterrand und Kohl wurde Delors zum Präsidenten der Europäischen Kommission berufen. Die Öffentlichkeit erwartete von ihm kaum etwas anderes als einen Kurs strikter – und folglich langweiliger – finanzieller Sparsamkeit. Dadurch hatte sich bereits seine Amtszeit in Paris ausgezeichnet. Aber man irrte sich sowohl hinsichtlich der Persönlichkeit des neuen Präsidenten als auch hinsichtlich seiner politischen Begabung.

Gewiss ließ Delors von Anfang an keine Zweifel an seiner Absicht, sich die finanzielle Seriosität der europäischen Institutionen aufs Panier zu schreiben. Doch sehr bald zeigte sich, dass hier jemand entschlossen war, energisch frischen Wind in das europäische Projekt zu bringen. Der Rückenwind war nach dem Ende der durch Helmut Schmidt und Giscard d'Estaing geprägten Ära unter dem Einfluss nationaler Einzelinteressen spürbar abgeflaut. Abgesehen von der mühseligen Arbeit am Abbau der vielfältigen Zollschranken und sonstigen Einfuhrbeschränkungen, die den wirtschaftlichen Austausch behinderten, konnte von einem einheitlichen Wirtschafts- oder gar Währungsraum der Europäischen Gemeinschaft bei bestem Willen kaum die Rede sein. Eher im Gegenteil war es längst zur Übung geworden, dass die Regierungen der meisten Mitgliedsländer in regelmäßigen Abständen versuchten, die internationale Wettbewerbsfähigkeit ihrer Wirtschaft durch eine Abwertung ihrer Währungen zu stärken (und damit zugleich ihre Zahlungs- und Leistungsbilanzen zu stützen). Sollte die Vision eines vereinten Europa nicht Schiffbruch erleiden, war es höchste Zeit für einen grundlegend neuen Anstoß.

Dafür hat Jacques Delors gesorgt. Auf einem dramatisch verlaufenen Treffen überzeugte er 1987 die zehn Mitgliedsländer vom Abschluss einer »Einheitlichen Europäischen Akte«. Es war der Beginn der bisher folgenreichsten Weiterentwicklung der Römischen Verträge. Festgeschrieben wurde nicht nur das Ziel eines einheitlichen Marktes, sondern auf den Weg gebracht wurde eine Bereinigung des komplizierten Gefüges innerhalb der europäischen Institutionen und ihrer Befugnisse. Vor allem aber ging es um die Vereinbarung erster Schritte hin zu einer sich vertiefenden politischen Union. Und genau in dieser Richtung brachte Delors fortan das Projekt Schritt um Schritt weiter voran – 1992 gekrönt durch den Vertrag von Maastricht und die Vereinbarung einer Währungsunion.

Das geschah keineswegs immer mit ausnahmslos freudiger Unterstützung durch die politisch verantwortlichen Führungsspitzen aller Mitgliedsländer. So erscheint es auch im Rückblick mehr als fraglich, ob Mitterrand wirklich den Grundgedanken einer umfassenden wirtschaftlichen Union – ganz zu schweigen von den grundlegenden politischen Bereichen wie der Verteidigungs- oder Außenpolitik – vorbehaltlos teilte. Delors hat seine Umsetzung trotzdem seit seinem Amtsantritt mit aller Entschlossenheit vorangetrieben. Neben den erwähnten Maßnahmen zählte nicht zuletzt die Einleitung einer längst überfälligen Reform der wie Kraut aus dem Boden geschossenen europäischen Agrarförderung dazu, aber ebenso auch die Aufnahme von Spanien und Portugal in die Europäische Gemeinschaft sowie der Abschluss des Vertrags von Schengen (mit dem Abbau der Einreisekontrollen im Binnenbereich der Gemeinschaft).

*

Wie dünn während der zehnjährigen Amtszeit von Jacques Delors die Decke war, unter der sich seine Überzeugung von der Notwendigkeit grundlegender Fortschritte im Prozess der europäischen Vereinigung verbarg, habe ich selbst während meiner Tätigkeit für das (damalige) Haus Daimler-Benz hautnah erlebt. Es ging darum, die deutsche und die französische Luft- und Raumfahrtindustrie (in der heutigen EADS) zusammenzuführen, um damit die Chance zu bekommen, sich gemeinsam gegen den bis dahin übermächtigen amerikanischen Wettbewerb behaupten zu können. Untrennbar verbunden mit diesen Industriezweigen waren gewisse durch höchste Innovationsfähigkeit gekennzeichnete Bereiche der Rüstungsindustrie (nicht zuletzt auf den Gebieten der elektronischen und digitalisierten Steuerung). Voraussetzung für das Erreichen dieses Ziels war eine Fusion der beteiligten Unternehmen, freilich verbunden mit der klaren strategischen Absicht, den jeweiligen unmittelbaren staatlichen Einfluss auf der Grundlage entsprechender Vereinbarungen Schritt für Schritt abzubauen. Zum Schluss sollte auf diese Weise eine privatwirtschaftliche Lösung zustande kommen, als Musterbeispiel dafür, dass die internationale Wettbewerbsfähigkeit auf wichtigen Gebieten nur durch ein grenzübergreifendes europäisches Zusammenwirken erreicht werden konnte.

Diese Grundgedanken, die wir gemeinsam mit unserem Aufsichtsratsvorsitzenden, dem Bankier Alfred Herrhausen, und dem französischen Unternehmer Jean-Luc Lagardère entwickelt hatten, konnte ich Anfang der 90er Jahre unter vier Augen dem französischen Präsidenten vorgetragen. Ich stieß damit auf wenn auch höfliche, so doch sofort erkennbare Ablehnung – und zwar deswegen, weil Mitterrand nicht die geringste Absicht hatte, als Preis für ein sich vereinigendes Europa etwa den Verzicht auf das traditionelle französische Privileg in Kauf zu nehmen, das wirtschaftliche Geschehen staatlich zu steuern. Trotz aller gelegentlichen europapolitischen Bekenntnisse war und blieb er bis zum Schluss nicht nur ein traditioneller französischer Etatist, sondern auch ein durch sein ganzes politisches Leben zutiefst geprägter Machiavellist.

Jacques Delors hingegen hat niemals Zweifel an seiner Überzeugung gelassen, dass ein vereintes Europa ernsthaft nur dann zustande kommen kann, wenn dessen wirtschaftliche Entwicklung auf marktwirtschaftlicher Grundlage stattfindet – allerdings im richtig verstandenen Sinn: nämlich nicht als zügelloser Kapitalismus, sondern durchaus auf der Grundlage politisch vorgegebener Rahmenbedingungen. Genauso klar war er sich freilich auch, dass es eine Bedingung gab, die erfüllt sein musste, um das europäische Projekt voranzubringen: Es musste durch das glaubwürdige Verantwortungsbewusstsein besonderer Persönlichkeiten getragen sein. Visionen: Ja – doch Utopien: Sie waren Delors fremd.

Eine solche Utopie verbirgt sich, wie ich fürchte, hinter einem Vorschlag, den Ulrich Beck vor kurzem vorgelegt hat (und der von vielen klugen Zeitgenossen unterstützt wird). Es geht darum, europaweit eine Initiative ins Leben zu rufen, mit der nicht vornehmlich die wohlbestallten Bürgerinnen und Bürger, sondern in erster Linie die einfachen Menschen auf die einzigartigen Zukunftschancen der europäischen Vereinigung angesprochen und von der Dringlichkeit überzeugt werden sollen, sie weit entschlossener als bisher in die Tat umzusetzen. Verständlich ist ein solcher Vorschlag schon deswegen, weil er vermutlich auf einer gewissen Verzweiflung beruht – der Verzweiflung über das so offensichtliche Fehlen von politischen Führungspersönlichkeiten, denen man abnehmen könnte, dass sie sich nicht aus reinem Eigeninteresse, sondern aus glaubwürdigem Verantwortungsbewusstsein für das Projekt und für dessen zwangsläufig mit Opfern verbundene Realisierung einsetzen. Trotzdem handelt es sich eher um einen liebenswerten Versuch, der die Fähigkeit und den Mut zur politischen Führung nicht ersetzen kann.

Zu diesem Mut wird unverzichtbar auch der Entschluss zählen, die Absicht einer entschlossenen Realisierung der politischen Vereinigung dem Wahlvolk in allen beteiligten Ländern in Form von Referenden zur Entscheidung vorzulegen. Denn dass die zuletzt allein durch die Staats- und Regierungschefs betriebene europäische Entwicklung – einschließlich mancher Maßnahmen zur Festigung des Systems einer gemeinsamen Währung – unter dem leidet, was sowohl Jürgen Habermas als auch Hans Magnus Enzensberger als »Demokratiedefizit« bezeichnet haben: das dürfte unbestreitbar sein.

Habermas (»Zur Verfassung Europas«) formuliert das so: »In (den) Vorstellungen eines ›Exekutivföderalismus‹ (...) spiegelt sich die Scheu der politischen Eliten, das (...) hinter verschlossenen Türen betriebene europäische Projekt auf den hemdsärmeligen Modus eines lärmend argumentierenden Meinungskampfes in der breiten Öffentlichkeit umzupolen (...) (Es) wäre zu erwarten, dass die Politiker endlich – ohne Wenn und Aber – die europäischen Karten auf den Tisch legen und die Bevölkerung offensiv über (...) die historische Bedeutung des europäischen Projektes aufklären. Sie müssten ihre Angst vor demoskopischen Stimmungslagen überwinden.« Und er fährt fort: »In dieser Hinsicht ist der Test lehrreich, dem sich die Europäische Union derzeit unterziehen muss. Getestet werden nämlich der Wille und die Fähigkeit der Bürger, der politischen Eliten und der Massenmedien, wenigstens in der Eurozone den nächsten Integrationsschritt zu vollziehen.«

Drastischer noch klingt es bei Enzensberger (in seinem Buch *Sanftes Monster Brüssel*): »Das sogenannte ›demokratische Defizit‹ gilt als eine chronische und (...) schwer zu behandelnde Mangelkrankheit (...) Dabei kann von einem medizinischen Rätsel keine Rede sein; es handelt sich vielmehr um eine durchaus beabsichtigte Grundsatzentscheidung. Als hätte es die Verfassungskämpfe des 19. und 20. Jahrhunderts nie gegeben, haben sich Ministerrat und Kommission schon bei der Gründung der Europäischen Gemeinschaft darauf geeinigt, dass die Bevölkerung bei ihren Beschlüssen nichts mitzureden hat (...) Die Europäische Union weiß alles besser als wir. Damit ist sie zwar der bisher kühnste, aber durchaus nicht der einzige Versuch, eine so ureuropäische Erfindung wie die Demokratie hinter sich zu lassen (...).«

Nun ja. Das ist alles richtig. Und doch schwingt darin ein wenig jenes eher weltfremde Wortgeklingel mit, das regekmäßig anklingt, sobald man unter gleichrangigen intellektuellen Schwergewichten versucht, sich beim Wettstreit um den Siegespreis für herausragende Brillanz zu überbieten. Denn einerseits wacht – zum Ärger mancher politischer Lehrmeister – vor allem in Deutschland das Bundesverfassungsgericht darüber, dass die im Grundgesetz festgeschriebenen demokratischen Mitwirkungsrechte des Volkes penibel beachtet werden – und zum anderen gibt es spätestens seit den Verträgen von Maastricht (1992) und Nizza (2001) durchaus die Möglichkeit, die europäische Vereinigung nach dem Modell der »zwei Geschwindigkeiten« voranzubringen. Es besagt, dass sich zunächst mindestens neun Mitgliedsländer auf konkrete Schritte zur weiteren Zusammenführung grundlegender politischer

Entscheidungsbefugnisse einigen müssen, während die restlichen Staaten davon lediglich zustimmend Kenntnis nehmen und sich damit die Möglichkeit offenhalten können, zu einem späteren Zeitpunkt nachzufolgen. Dieses Vorgehen trägt die schöne Bezeichnung »Verstärkte Zusammenarbeit« – und schließt selbstverständlich die vorherige Befragung der jeweils demokratisch legitimierten Institutionen der sich beteiligenden Länder (sprich: der Parlamente) ein, sobald dies aufgrund der nationalen Gesetze angesagt ist.

Da es die in den Verträgen festgelegte Zuständigkeit der bestehenden europäischen Institutionen nicht infrage stellen (also auch nicht ausweiten) darf, erfüllt ein solches Vorgehen freilich bei weitem noch nicht die Voraussetzungen dafür, den Vereinigungsprozess auch tatsächlich mit »zwei Geschwindigkeiten« formal voranzutreiben – doch die auf dieser Grundlage im Sommer 2012 gegen das Votum von Großbritannien, Schweden und der Niederlande in die Wege geleitete (allerdings bisher nur in Frankreich tatsächlich beschlossene) Einführung einer Finanztransaktionssteuer weist bereits beispielhaft aus, dass auf diese Weise durchaus Fakten geschaffen werden können, die binnen kurzem dazu führen werden, dass das wirtschaftliche – und damit letzten Endes auch das politische – Wohl und Wehe der sich beteiligenden Länder noch weit enger als zuvor miteinander verknüpft wird.

Über lange Zeit war es die deutsche Bundeskanzlerin, die sich mit dem ihr eigenen Starrsinn selbst gegen die zartesten Versuche quergelegt hat, eine solche »verstärkte Zusammenarbeit« zustande zu bringen. Immer wieder hat sie befürchtet, dass damit ein Graben zwischen den jeweils teilnehmenden Nationen und den übrigen Mitgliedsländern geschaffen werden könnte. Jacques Delors hat das (lange nach dem Ende seiner Amtszeit) im Herbst 2011 mit deutlichen Worten kommentiert: »Es (ist) zwingend notwendig, dass es einigen Staaten, die weiter gehen wollen, erlaubt ist (...), ohne dass sie von den anderen daran gehindert werden (...). Frau Merkel mag die Gemeinschaftsmethode der EU nicht, bei der die Kommission dem Rat und dem Parlament einen Vorschlag (...) vorlegt (...) (Sie) bevorzugt stattdessen die zwischenstaatliche Abstimmung. Das aber ist eine Rückkehr zu den Zuständen des 19. Jahrhunderts (...).« Inzwischen hat man wohl endlich auch in Berlin eingesehen, dass es keinen anderen Weg mehr gibt. Er lautet – ob die derzeitige Vertragssituation dies formal zulässt oder nicht – in der Tat: Die bisher 27 Mitgliedstaaten der EU müssen sich entschließen, die weitere Vereinigung Europas notfalls mit zwei unterschiedlichen Geschwindigkeiten voranzutreiben.

Die Teilnehmerländer an der gemeinsamen Währung, dem Euro, bieten sich dafür gleichsam von selbst an. Nüchtern betrachtet bilden sie schon heute ein »Kerneuropa«, das sie zu einem eng abgestimmten Verhalten sowohl in wirtschafts- als auch in finanzpolitischer Hinsicht zwingt. Das weisen nicht zuletzt die Beschlüsse aus, die Ende Juni 2012 im Verlauf der dramatischen Nachtsitzung der Staats- und Regierungschefs in Brüssel gefasst worden sind (nicht zuletzt die verbindliche Vereinbarung, dem in Aussicht genommenen Europäischen Sicherheitsmechanismus ESM weit größere Flexibilität beim Einsatz der ihm zur Verfügung stehenden Finanzmittel zuzugestehen). Darüber hinaus wird ohnehin jeden Tag deutlicher, dass eine erfolgreiche Zukunft Europas nur durch die grundlegende Überarbeitung der bisherigen Entscheidungsstrukturen in Richtung auf die umrissenen Vorstellungen – einschließlich der Gewährleistung umfassender demokratischen Befugnisse für das europäische Parlament – und durch die Übertragung zusätzlicher Souveränitätsrechte an die Gemeinschaft gefestigt werden kann.

*

Die Vorstellung von einem »Europa der zwei Geschwindigkeiten« ist übrigens besonders bei uns in Deutschland keineswegs neu. Zum Gegenstand einer ernsthaften Diskussion wurde sie erstmalig 1994 durch eine Ausarbeitung, die der überzeugte Europäer Wolfgang Schäuble (damals noch als Fraktionsvorsitzender der CDU/CSU im Bundestag) zusammen mit seinem Abgeordnetenkollegen Karl Lamers 1994 vorlegte und die – nicht zuletzt in Großbritannien – gehöriges Getöse auslöste. In der Vorstellung, dass die Mitgliedsländer der Eurozone tatsächlich den Kern derjenigen Länder bilden könnten, die sozusagen mit einer erhöhten Geschwindigkeit »vorangehen«, sahen und sehen freilich nicht wenige Kommentatoren den kommenden Weltuntergang. Es gibt sie in ausnahmslos allen der beteiligten Länder.

In Deutschland zählt dazu eine nicht kleine Gruppe von Persönlichkeiten, die uns einreden wollen, wir würden leichtfertig unseren hart erarbeiteten Wohlstand aufs Spiel setzen, wenn wir eine Reihe der Mitgliedsländer weiterhin in der Eurozone dulden. Überwiegend plädieren sie nicht gegen eine europäische Vereinigung, sondern fantasieren, dass ein solches Europa, solle es lebensfähig sein, zunächst streng auf diejenigen Staaten beschränkt werden müsse, die sich aufgrund ihrer bisherigen politischen und wirtschaftlichen Verlässlichkeit für die Gestaltung einer gemeinsamen Zukunft qualifiziert hätten.

Nicht selten hängt die Popularität solcher Argumente damit zusammen, dass dafür irgendwelche Einzelheiten ins Feld geführt werden, die jedermann auf Anhieb einleuchten. Das ändert jedoch nicht das Geringste daran, dass es sich bei solchen Vorstellungen in Wirklichkeit um politische Tagträume handelt, die niemals auf eine politische Mehrheit hoffen könnten. Insofern kann es auch dahingestellt bleiben, ob eine im Wesentlichen auf die nordeuropäischen Länder beschränkte Währung, wäre dies anfänglich versucht worden, auch nur die Spur einer Chance gehabt hätte. Jedenfalls hieße es, aus Angst vor dem Tode Selbstmord zu begehen, wollte man sich heute ernsthaft auf den Irrweg begeben, die bisher unter so vielen Mühen und Opfern zusammengewachsene Europäische Union wieder auseinanderzubrechen. Das aber wäre die unausweichliche Folge, wollte man den Raum der gemeinsamen Währung aufbrechen und danach sozusagen von Grund auf neu begründen: Wo sich früher einmal vielleicht der eine oder andere Teilnehmer am wirtschaftlichen Geschehen der Welt ins Fäustchen gelacht hätte, würde heute schon der kleinste entsprechende Versuch eine globale Finanzkrise auslösen, deren Folgen katastrophal wären.

Mit anderen Worten: Die »Politik der zwei Geschwindigkeiten« gibt es längst. Die Existenz der Eurozone, der eben keineswegs alle Mitgliedsländer der EU angehören, beweist es. Im Falle der gemeinsamen Währung hat sie zu ernsten Problemen geführt. Das ist unbestreitbar. Aber der Ratschlag, künftig grundlegend von dieser Politik Abstand zu nehmen, würde mit Sicherheit das Gegenteil dessen bewirken, was sich die meisten Ratgeber davon erträumen.

Ein weiteres Argument gegen eine ernst zu nehmende politische Strategie der »zwei Geschwindigkeiten« verdient sehr viel mehr Beachtung. Mit einem Wort lautet es: »Großbritannien«. In diesem Fall geht es nicht nur um die Wichtigtuereien von geltungsbedürftigen Amateurpolitikern, sondern um ein in der Tat ebenso fundamentales wie zwiespältiges Problem. Niemand kann ernsthaft auf die Idee kommen, das Königreich mit seinen Teilländern England, Schottland, Wales und Nordirland nicht zum Kern Europas zu zählen. Die Geschichtsbücher wie jeder beliebige Blick auf die europäische Kultur sprechen da eine eindeutige Sprache. Sie bedarf schlichtweg keiner Erläuterung. Andererseits kann niemand die narbenreiche Entwicklung der Mitgliedschaft des Vereinigten Königreichs in der EU aus dem Gedächtnis streichen. Nach der kruden Ablehnung durch das Frankreich des Präsidenten Charles de Gaulle gilt das Land seit seiner späteren Aufnahme in die Europäische Gemeinschaft für viele als ständiger Querulant, der nicht bereit ist, seine wirtschaftlichen Interessen auch nur um einen Deut zugunsten gemeinsamer Ziele zurückzustellen.

Leider ist da viel Wahres dran. Mit Ausnahme einer anfänglichen Periode der Aufgeschlossenheit – geprägt durch den überzeugten Europäer Edward Heath als den bis zur Mitte der 70er Jahre amtierenden Premierminister – beschränkten sich die britischen Vorstellungen von einem vereinten Europa nahezu ausschließlich auf die Schaffung eines zollfreien und von administrativen Handelsbeschränkungen freien Binnenmarktes. Darüber hinausreichende Absichten, eine weitergehende politische Vereinigung Europas und die damit verbundene Übertragung klassischer staatlicher Souveränitätsrechte auch nur in Betracht zu ziehen, stießen dagegen regelmäßig auf zähen (und manches Mal durchaus trickreichen) Widerstand. Verkörpert wurde er durch den schon legendären Ausspruch der späteren Premierministerin Margaret Thatcher, die bei ihrem ersten Auftritt im Kreise der Staats- und Regierungschefs ihr (angeblich zu viel gezahltes) Geld zurückforderte: »I want my money back.«

Gewiss wäre es mehr als leichtfertig, solche Einstellungen mit dem billigen Hinweis auf (angeblich) traditionelle britische Eigenheiten, insbesondere den »schnöden Kaufmannsgeist« der Inselbewohner, abzutun – oder gar, wie zu Zeiten des Kaisers Wilhelm II. weitgehend üblich, vom »perfiden Albion« zu munkeln. Dazu weist die Geschichte allzu beeindruckend auf die großartigen politischen, kulturellen und sozialen Errungenschaften hin, die von Großbritannien aus ihren Weg um die ganze Welt angetreten haben: Unabhängigkeit, Freiheit, Demokratie, Rechtsstaatlichkeit – alles dies sind humanitäre Werte, die unter schwersten Auseinandersetzungen und den damit verbundenen Opfern zuerst dort erkämpft worden sind. Kein Wunder also, wenn die auf den Inseln lebenden Menschen bis heute zutiefst von ihrer besonderen Tradition geprägt sind. Mit anderen Worten: Es ist beileibe keine aus Krämergeist geborene Halsstarrigkeit, misstrauisch gegenüber jeglichen Entwicklungen zu sein, die auf eine Gefährdung der eigenen staatlichen Unabhängigkeit – und insbesondere der so mühselig errungenen Selbstbestimmung durch das gewählte Parlament – hinauslaufen könnten.

Bei allem Respekt und bei allem Verständnis darf es andererseits einfach nicht sein, dass ein einziges Land, mag sein politischer, wirtschaftlicher oder kultureller Rang noch so bedeutend sein, die übergroße Mehrheit aller anderen Mitgliedsländer daran hindern kann, sich für ihre Zukunft zu wappnen. So sehr es angesichts der Bedeutung Großbritanniens für Europa eine selbstverständliche Pflicht der verantwortlichen politischen Führungen in den übrigen Ländern sein muss, zäh und geduldig darum zu ringen, dass sich das Land trotz seiner Bedenken schließlich doch zur Beteiligung an den weiteren Schritten entschließt: Sollte dies binnen einer überschaubaren Frist nicht der Fall sein, kann und darf die Konsequenz nur lauten, dann eben ohne Großbritannien voranzugehen. Der Preis für eine allzu lange weitere Verzögerung könnte sich sonst unversehens als tödlich herausstellen ...

Diese Überzeugung hat sich inzwischen auch ein weltweit so hoch renommiertes Wirtschaftsmagazin wie der Londoner *Economist* zu eigen gemacht. In der Tradition klassischer englischer Fairness hieß es dort Ende Mai 2012, dass Europa inzwischen vor der Wahl stehe, auseinanderzufallen oder sich für eine deutlich verstärkte föderale Struktur zu entscheiden. Dabei macht sich das Blatt stark dafür, die Kompetenzen zur Bankenregulierung (und deren entsprechende behördliche Überwachung) den einzelnen Mitgliedsländern zu entziehen und sie auf die EU zu übertragen, begleitet von der Vereinbarung einer durch die EU überwachten Fiskalunion der Mitgliedsländer einschließlich einer – allerdings stark begrenzten – gemeinsamen Haftung für nationale staatliche Schulden.

Es fällt freilich auf, dass in dem Artikel der Euroraum stillschweigend mit der gesamten EU gleichgesetzt wird. Ganz in diesem Sinne ist mit keinem Wort davon die Rede, welche Rolle Großbritannien eigentlich in diesem Zusammenhang spielen soll. Entsprechend der grundsätzlich eher pro-europäischen Einstellung des Magazins mag dies so zu verstehen sein, dass man eine Beteiligung des eigenen Landes an einer solchen

Weiterentwicklung der Union für selbstverständlich hält – es könnte allerdings auch in umgekehrter Richtung interpretiert werden. Wie dem auch sei: Die Erkenntnis, dass der Euroraum, also der Bereich der Mitgliedsländer der EU, die sich für die gemeinsame Währung entschieden haben, das eigentliche Kernland eines sich weit intensiver als bisher vereinigenden Europa bilden muss, ist für den *Economist* ohne Alternative. Großbritannien wird folglich zwangsläufig zu denjenigen Staaten zählen, die hinter der Entwicklung zurückbleiben, wenn es sich nicht doch noch (in sehr absehbarer) Zeit entschließt, »mit gleicher Geschwindigkeit« voranzugehen wie die anderen.

*

Längst zu spät ist es hingegen für eine politische Konzeption, die der große Europäer Jacques Delors auch noch nach dem Ende seiner Amtszeit als Präsident der Kommission immer wieder als einzig realistische Möglichkeit bezeichnet hat: eine »Föderation von Nationalstaaten«. Gemeint war wohl damit, dass es nicht nur undenkbar, sondern womöglich sogar nicht wünschbar sei, den Führungsgremien der Union zentrale politische Entscheidungsbefugnisse zu übertragen, die unmittelbar für alle Mitgliedsstaaten verbindlich sind. Vor bald zwanzig Jahren mag das in der Tat noch richtig gewesen sein – heute, und insbesondere nach den Erfahrungen der sogenannten Eurokrise, würde eine solche »Föderation von Nationalstaaten« mit Sicherheit nicht mehr ausreichen, um das Weiterbestehen eines vereinten Europa zu sichern. Das weiß zweifellos auch José Manuel Barroso, wenn er jetzt plötzlich diesen Begriff wieder aufgreift.

Taktisch mag ihm das für die anstehende breite politische Diskussion geschickt erscheinen. Gefragt sind inzwischen allerdings sehr konkrete Schritte, die weit über die Vorstellung einer eher losen »Föderation« hinausgehen. Sie laufen – wie gesagt – allesamt auf die Abtretung weit reichender, traditionell den Nationalstaaten vorbehaltener Souveränitätsrechte an die zentralen Instanzen – an der Spitze das Parlament – der Union hinaus, im Klartext also auf deutliche Schritte in Richtung auf eine Art von »Bundesstaat« (wobei nicht oft genug wiederholt werden kann, wie entscheidend wichtig es bleibt, im Sinne der Subsidiarität den nationalstaatlichen und regionalen Besonderheiten größtmögliche Spielräume zu belassen).

Gewiss bedarf es kaum der Erwähnung, dass es leichter gesagt als getan ist, solche Schritte in die Tat umzusetzen. Die Fähigkeiten der Staats- und Regierungschefs zum Streit sind ebenso bekannt wie diejenigen der jeweiligen Fachminister oder der Brüsseler Kommission. Die Wahrscheinlichkeit ist damit nicht klein, dass die schönen Sonntagsreden, mit denen man sich zu hehren gemeinsamen Zielen bekennt, schnell in einem jahrelangen Gefeilsche über eine Unzahl von Einzelheiten versanden – wenn, ja wenn eben nicht eine Anzahl von Persönlichkeiten und die von diesen vertretenen Staaten die Fähigkeit entwickeln, ebenso glaubwürdig wie selbstlos auf die – zwar schrittweise, aber dennoch entschlossene – Fortführung des großen europäischen Projekts zu dringen. Mit anderen Worten: zu führen ohne zu kommandieren.

Von Anbeginn an ist regelmäßig Frankreich und Deutschland diese Rolle zugefallen. Das ist kein Zufall. Beide sind die nach der Zahl ihrer Bevölkerung größten und wirtschaftlich leistungsfähigsten Mitgliedsländer. Wichtiger als das: Stärker und öfter als alle anderen haben sie sich im Verlauf der Geschichte gegenseitig zerfleischt – und daraus gemeinsam die Lehre gezogen, dass Friede und Wohlstand in Europa nur gesichert werden können, wenn sie der Versuchung widerstehen, dem anderen den Rang abzulaufen, anstatt mit ihm an einem Strang zu ziehen. Zumindest aus der Sicht der übrigen Mitgliedsländer begründet das freilich in keiner Weise eine sozusagen natürliche Berechtigung zur Führung. Jede dieser Nationen hat ihren eigenen Stolz, ihre eigene Geschichte, ihre eigenen von Frankreich oder Deutschland – oder beiden gemeinsam! –

verschuldeten Narben. Behutsamkeit und Fingerspitzengefühl sind daher Eigenschaften, die mehr als alles andere gefragt sind, wenn ein Vorangehen beider Länder nicht auf Misstrauen, ja auch Ängste stoßen soll. Nicht nur die deutsche Bundeskanzlerin, sondern auch ihr jahrelanger treuer Weggenosse Nicolas Sarkozy haben das oft genug vermissen lassen, indem sie immer wieder den Eindruck erweckten, die übrigen Mitgliedsländer hätten nach der Pfeife zu tanzen, deren Töne sie unter vier Augen als allein selig machend erkannt hatten.

Dabei geht es insofern tatsächlich beileibe nicht nur um Deutschland und seine verheerende Rolle in der europäischen Zeitgeschichte, von den Folgen der Reichgründung durch Otto von Bismarck bis zu den beiden Weltkriegen. Frankreich hat gleichfalls keineswegs nur Freunde, die voller Bewunderung auf vergangene Erfahrungen zurückblicken. Das beschränkt sich nicht auf das intellektuelle Bildungsbürgertum in einer ganzen Reihe von Ländern, sondern beeinflusst – als mehr oder minder unbewusste geschichtliche Reminiszenz – die Einstellung von oftmals weiten Kreisen der Bevölkerung. In diesem Sinne erinnert man sich denn öfter als gedacht in Polen und anderswo schnell an die Zeiten zu Beginn des 19. Jahrhunderts, als Kaiser Napoleon I. die Vorstellung von der »Grande Nation« als unantastbare Vormacht Europas in die Welt gesetzt – und danach gehandelt! – hatte.

Der Verdacht ist also schnell bei der Hand, man solle auch jetzt wieder bevormundet werden, wenn Frankreich oder Deutschland, einzeln für sich oder in gemeinsamer Abstimmung, auf weitere Schritte in Richtung auf eine unwiderrufliche Vereinigung Europas drängen.

Zu Zeiten des sogenannten Kalten Kriegs mag das noch anders gewesen sein. Damals wurde das Bild der Bundesrepublik Deutschland über lange Jahre hinweg durch einen Bundeskanzler wie Helmut Kohl verkörpert. Angesichts seiner Gewohnheit, sich gern in eine Strickweste zu kleiden, und seiner allgemein bekannten Neigung, kleinere politische Schwierigkeiten unter Einsatz von »Bimbes« (worunter er schlicht Kleingeld verstand) aus der Welt zu schaffen, wurde er zwar als politische Führungsfigur eines ungemein erfolgreichen Landes angesehen, aber doch von vielen als eine eher provinzielle Persönlichkeit belächelt. Das traf allerdings beileibe nicht zu, wie auch sein französischer Partner Jacques Chirac zumindest über einige Jahre hinweg deutlich mehr war als der mittelmäßige Symbolpolitiker und das internationale Leichtgewicht, als die er vielen Beobachtern erschien. Doch diese Zeiten sind längst vergessen – inzwischen ist das Bild von Deutschland und Frankreich in weiten Teilen der EU geprägt durch eine Bundeskanzlerin, die durch ihre als stur empfundene Sparpolitik so viel Unheil und Elend für unzählige Bürgerinnen und Bürger der anderen Mitgliedsländer ausgelöst hat, und einen (ehemaligen) Präsidenten, der sich, gepaart mit persönlicher Eitelkeit und Geltungsbedürfnis, immer mehr die traditionelle französische Eigenständigkeit aufgegeben und sich dem deutschen Diktat unterworfen hat.

»Deutschland gegen Europa (...) ist leider Realität« hat die *Berliner Zeitung* kürzlich einmal kommentiert. Jacques Delors hat wohl Ähnliches gemeint, als er von Angela Merkel sagte, dass »ihre Politik (eine) Rückkehr ins 19. Jahrhundert« bedeute – und sein Urteil über Nicolas Sarkozy dürfte höchstwahrscheinlich noch beträchtlich schärfer ausfallen.

Inzwischen wird auf französischer Seite die Partnerschaft durch den neuen Präsidenten Hollande verkörpert, der zwar bisher den Anschein zu erwecken versucht, dass er Vorstellungen vom künftigen Europa vertritt, die sich deutlich von denjenigen seines Amtsvorgängers – und damit auch von denjenigen der deutschen Bundeskanzlerin – unterscheiden. In gewisser Hinsicht mag das durchaus förderlich sein, könnte doch dadurch der bei vielen anderen Mitgliedsländern entstandene Eindruck seine Bedrohlichkeit verlieren, man sei gehalten, sich künftig widerstandslos den einsamen Beschlüssen eines deutsch-französischen »Führungsduos« zu unterwerfen. Tatsächlich könnte es sich auch als entscheidender Durchbruch für das Projekt der europäischen Vereinigung erweisen, wenn es endlich gelingen sollte, es wieder von seiner einseitigen Abhängigkeit von einzelnen finanzpolitischen Maßnahmen zur Stabilisierung der gemeinsamen Währung zu lösen.

Trotzdem wäre es tödlich, sollten Frankreich und Deutschland hinsichtlich der grundsätzlichen Zielrichtung ihrer Europapolitik nicht künftig bedingungslos an einem Strang ziehen. An oberster Stelle zählt dazu die Bereitschaft, ja die klare Absicht, traditionelle nationale Entscheidungskompetenzen auf gemeinsame europäische Gremien zu übertragen, also auf wichtige Teile der bisherigen nationalen Souveränität zu verzichten. Inzwischen mögen gewisse Zweifel nicht mehr ganz von der Hand zu weisen sein, ob und inwieweit der neue französische Präsident und seine parlamentarische Mehrheit tatsächlich weiterhin zu einer solchen Zielsetzung stehen. Umso mehr wird es darauf ankommen, dass die Führung der deutschen Politik in die Hand von Persönlichkeiten gerät, deren europäische Glaubhaftigkeit durch mehr verkörpert wird als durch die zähe Schulmeisterei von Angela Merkel.

Zugleich wird allerdings damit deutlich, wie gefährlich es werden könnte, sollte es einzig und allein von einem nahtlosen Zusammenspiel zwischen einer französischen und einer deutschen politischen Führungspersönlichkeit abhängen, dass eine breite Mehrheit der europäischen Bevölkerung nicht nur von den Vorteilen, sondern von der lebenswichtigen Bedeutung der europäischen Vereinigung überzeugt werden kann. Gefragt ist weit mehr als nur die Fähigkeit, nationale Interessen geltend zu machen und dafür den Beifall der jeweiligen eigenen Wählerschaft zu erhalten – gefragt sind allenthalben, nicht nur in Frankreich und Deutschland, Mut, Überzeugungskraft und Glaubwürdigkeit.

XII.

SELBSTVERTRAUEN UND
SOLIDARITÄT

Im Herbst 2012 haben sich Daniel Cohn-Bendit, einer der Sprecher der Grünen Fraktion im Europäischen Parlament, und Guy Verhofstadt, ehemaliger Premierminister Belgiens, mit bemerkenswerter Verve ins Zeug gelegt und in einem Manifest *Für Europa* dazu aufgerufen, nun endlich ohne weitere Verzögerung und im Sinne eines »Quantensprunges« eine »europäische föderale Union« zu schaffen. In ganz ähnliche Richtung argumentiert auch Ulrich Beck in seinem neuesten Buch *Das deutsche Europa*.

Den Ressortleiter Politik der *Zeit*, Bernd Ulrich, haben beide Initiativen offensichtlich in gehörige Aufregung versetzt. Er meinte, als Erklärung für ein – wie er es nennt – »Europa der Euphoriker« einen durch nichts zu rechtfertigenden »Minderwertigkeitskomplex« festmachen zu sollen, »ein bisschen Größenwahn«, der an die Zeiten von Kaiser Wilhelm II. erinnere. »Man müsse«, so schrieb er, »schon sehr Acht geben, nicht den alten Nationalismus auf Europa zu projizieren, anstatt ihn zu überwinden«.

Natürlich verdient es Respekt, wenn der erfahrene und wegen seiner bedachtsamen Urteilskraft allseits hoch geschätzte Journalist seine Kritik mit dem Hinweis abschließt, man könne »in Europa wirklich über alles sprechen (...) , aber nicht in diesem Ton«. Dasselbe gilt für seine Einwände gegen das um die gleiche Zeit veröffentlichte Buch *Der europäische Landbote* des österreichischen Romanciers und Essayisten Robert Menasse, das die Neigung der Politikerinnen und Politiker anprangert, unter dem Deckmantel einer angeblich von ihnen betriebenen europäischen Vereinigung nichts als ihre jeweiligen nationalen Interessen zu verfolgen. Im Ergebnis plädiert Menasse dafür, es müsse »etwas völlig Neues entstehen, (...) ein Kontinent ohne Nationen, eine freie Assoziation von Regionen«.

Was mich selbst angeht, so kann ich – wie dieses Buch zur Genüge ausweist – durchaus die Beweggründe, die Sorge, ja die Erregung verstehen, die sich hinter den drei Streitschriften (und darum handelt es sich!) verbergen. Umgekehrt kann ich freilich auch die Mahnung von Bernd Ulrich nachvollziehen. Um es noch einmal unmissverständlich klarzustellen: Ich gebe mich nicht der Illusion hin, irgendjemand könne von heute auf morgen eine von Grund auf andere Europäische Union sozusagen aus dem Hut zaubern. Durchsetzbar und deswegen realistisch bleibt allein die Weiterführung des »Monnet-Prinzips«: Unverändert muss darum gerungen werden, den nächsten Schritt durchzusetzen, der weiter auf das angestrebte Ziel hinführt.

Dieses Ziel aber – und damit haben die Streitschriften vorbehaltlos Recht – muss in der Tat endlich für jedermann klar erkennbar und unmissverständlich benannt werden. Das hat auch Giscard d'Estaing im vergangenen November mit einer bemerkenswerten Rede anlässlich einer von der *Süddeutschen Zeitung* in Berlin veranstalteten Tagung angemahnt – und dabei deutlich gemacht, dass die Vision für ein künftiges Europa eben weit über jene »Föderation von Nationalstaaten« hinausgehen muss, die José Manuel Barroso unlängst wieder ins Spiel gebracht hat.

Aus jahrelanger beruflicher Erfahrung weiß ich durchaus, dass hektische Betriebsamkeit und unbedachte Handlungen weder im täglichen Leben noch bei der Bewältigung kritischer Situationen hilfreich sind. Unter Berufung auf die erwähnten Lehren von Karl Popper über die Vorzüge eines »piece-meal engineering« hat unlängst Markus Reiter in einem klugen Beitrag der *Stuttgarter Zeitung* daran erinnert, dass derjenige, der »mit großen Visionen auf eine vermeintliche Zukunft zustürmt«, dazu neige, »die Opfer dieser Politik in der Gegenwart zu übersehen. Wenn große Visionen scheitern, dann scheitern sie groß«. Und er schließt daraus, es sei »am Ende klüger, sich von Krisengipfel zu Krisengipfel (...) durchzuhangeln, (...) im Zweifel einen Rückzieher zu machen und Neues zu probieren. Das sieht nicht elegant aus, bringt uns aber am sichersten weiter.«

Anders sieht es freilich aus, wenn akute Gefahr droht. Die Gießkanne ist, wie ich fürchte, nicht geeignet, einen Flächenbrand zu verhindern. Zumindest müssen dann wirksamere Mittel bereitstehen, um irreparable Verluste zu verhindern. Genau aber hier liegt die Schwäche derjenigen Ratgeber, mögen sie noch so klug und erfahren sein, die meinen, die europäische Vereinigung vertrage es, weiterhin nach der bisherigen Methode vorangetrieben zu werden, ohne die Bevölkerung der Mitgliedsstaaten unnötig zu verunsichern.

Für mich hat das die Schuldenkrise der europäischen Staaten und die damit verbundene »Eurokrise« unwiderleglich deutlich gemacht. »The futility of treating the euro crisis as a series of separate national emergencies (...) «: So lautet die nüchterne Feststellung des *Economist*, mit der das Magazin den langen Kampf um die Stabilisierung der gemeinsamen Währung auf den Punkt gebracht hat, die Sinnlosigkeit aller Versuche, die Währungskrise als Abfolge getrennter nationaler Notsituationen zu verstehen und zu behandeln. Auch wenn das Bohren dicker Bretter, wie gesagt, noch lange auf der Tagesordnung bleiben wird, muss es ohne die Vision einer wirklichen politischen Vereinigung der Europäer im Chaos enden. Schon werden allenthalben Stimmen laut, die das nahende Ende der Europäischen Union herbeibeschwören. Sie werden nur dann verstummen, wenn ihnen endlich klar und deutlich entgegengehalten wird, dass wir ohne die Verwirklichung der europäischen Vision eine epochale Chance verspielen würden: die Chance, die globale Entwicklung auf der Grundlage der europäischen Wertvorstellungen, mitzubestimmen, ja entscheidend mitzuprägen.

Kein Zweifel: Der Vertrag von Lissabon – so komplex und allenfalls noch für Experten verständlich er auch geraten sein mag – hat inzwischen manche wichtige Fortschritte bewirkt. Jeder, der das Geschehen wenigstens einigermaßen aufmerksam verfolgt, kann inzwischen feststellen, dass das Zusammenwirken zwischen dem Europäischen Parlament und der Brüsseler Kommission bemerkenswerte Beschlüsse zur Sicherung eines freien Wettbewerbs, zur Verbesserung des Umweltschutzes oder der Gesundheitsvorsorge bewirkt hat. Doch umgekehrt gibt es auch täglich neue Beweise dafür, dass die Mitgliedsstaaten ängstlich bemüht bleiben, ihren (vermeintlichen) nationalen Interessen Vorrang vor einer wirklichen – wie Menasse es nennt – »demokratischen Revolutionierung Europas« einzuräumen. Das nachgerade widerliche Tauziehen um den nächsten Haushalt der EU, mit dem uns die Staats- und Regierungschefs Ende 2012 beglückt haben, war dafür nur der letzte Beleg in einer langen Reihe.

Es ist also tatsächlich höchste Zeit, mit den »Vereinigten Staaten von Europa« Ernst zu machen, indem eine grundlegend neue demokratische Legitimation seiner Institutionen – vor allem seines Parlaments und einer (die bisherige Kommission ersetzenden) Regierung – geschaffen wird. Mit anderen Worten: Den Bürgerinnen und Bürgern Europas muss klarer Wein darüber eingeschenkt werden, dass die demokratischen Entscheidungsprozesse zukünftig auch noch andere als nur engstirnige nationale Sonderinteressen zu berücksichtigen haben. Gelingen kann das nur, wenn das Verhältnis der europäischen Institutionen zu den Mitgliedsstaaten im Sinne einer streng verstandenen Subsidiarität geordnet wird. Um keinen Deut weniger bedeutsam wird es im Übrigen sein, dass die Opfer, die für die Vereinigung Europas erforderlich sind, nicht nur einseitig zu Lasten der einfachen Wählerinnen und Wähler gehen. Zukünftig dürfen, anders als bisher, auch diejenigen nicht davon verschont bleiben, die – wie weite Teile der sogenannten »Finanzindustrie« – unmittelbar für etwaige Fehlentwicklungen verantwortlich zu machen sind.

Dass eine politische Vereinigung Europas eines nicht allzu fernen Tages zu einer grundlegenden Überarbeitung und Neufassung unseres Grundgesetzes – und damit zu einer Volksabstimmung in der Bundesrepublik – führen muss, dürfte selbstverständlich sein. Für die anderen Mitgliedsstaaten gilt das Gleiche: Auch sie werden den Weg, den sie einschlagen wollen, dem Votum ihrer Bevölkerungen zu unterwerfen haben.

Die große Mehrheit der europäischen Staats- und Regierungschefs hat zweifellos längst verstanden, dass solche konkreten Schritte dringend anstehen. Euro hin oder her: Es geht nicht mehr um Trippelschritte, die jederzeit wieder rückgängig zu machen sind, sondern es geht um Schritte, die das mit der gemeinsamen Währung auf den Weg gebrachte Projekt tatsächlich und endgültig unumkehrbar machen. Ende des vergangenen Jahres hat sich der Europäische Rat im Prinzip auf den Vorschlag einer Arbeitsgruppe (van Rompuy, Draghi und Juncker) geeinigt, der in genau diese Richtung zielen soll. Ich fürchte allerdings, dass er erneut unter einem entscheidenden Mangel leidet: Für den einfachen Menschen auf der Straße sind die zur Diskussion gestellten neuen Regelungen wieder einmal viel zu kompliziert, um sie wirklich verstehen zu können (abgesehen davon, dass sie den Eindruck erwecken, zusätzliche bürokratische Irrwege zu eröffnen).

Da soll nun endlich der so lange hin und her diskutierte »europäische Fiskalpakt« Wirklichkeit werden. Irgendeinen Mechanismus soll es künftig geben, der es möglich macht, die jeweiligen nationalen Haushalte zu überwachen, notfalls Korrekturen einzufordern, sollten sie gegen die durch den Europäischen Rat auferlegte Haushaltsdisziplin verstoßen. Doch die Lieblingsidee von Wolfgang Schäuble, mit dieser Aufgabe eine Art von »europäischem Finanzminister« zu beauftragen, wurde wieder einmal vertagt. Weiterhin soll (endlich!) die erwähnte

»Bankenunion« ins Leben gerufen und auf deren Grundlage die Banken verpflichtet werden, aus eigenen Mitteln einen gemeinsamen Fonds einzurichten, der – an Stelle der bisherigen staatlichen Hilfsmaßnahmen – finanziell notleidende Mitglieder auffängt. Doch der Streit über die Einzelheiten, die sich dahinter verbergen, ist noch lange nicht entschieden: Bislang bleibt es bei einer schönen Zukunftshoffnung.

Ob solche Beschlüsse wohl wirklich geeignet sind, überzeugend deutlich zu machen, wohin die europäische Reise führen soll? Wie zu erwarten haben die eingefleischten Gegner einer fortschreitenden Vereinigung längst ihre populistischen Messer gezückt: Lauthals verkünden sie, damit sei ein weiterer Schritt getan, um die bewährte nationale Souveränität auf dem Altar einer unverantwortlich handelnden Brüsseler Bürokratie zu opfern.

Kürzlich hat Andreas Geldner trefflich formuliert, worum es geht. »Auch die USA haben in ihren Anfangsjahren«, so schrieb der Washington-Korrespondent der *Stuttgarter Zeitung*, »sozusagen Europäische Union gespielt. Stolz wahrten die (...) unabhängig gewordenen 13 Kolonien ihre Selbstständigkeit, mit allen Eigenwilligkeiten und Eifersüchteleien, die dazugehören (...) Viele der jungen Bundesstaaten waren pleite – und andere wollten nicht helfen (...)«. Er zitiert dann den britischen Historiker Niall Ferguson: »Stellen Sie sich einmal vor, dass die Vereinigten Staaten nie ihre Verfassung ratifiziert hätten (...) Nur die Einzelstaaten könnten Steuern erheben und Kredite aufnehmen«. Und Geldner fährt fort: »Warum ziehen die Europäer (...) nicht die pragmatische Konsequenz? (...) Doch wo ist der europäische George Washington, James Madison oder Alexander Hamilton? (...) Die Europäer (...) scheinen lieber einem Ball auf dem Rasen hinterherzuschauen.«

Der (trotz seiner mannigfachen persönlichen Schwächen) große Winston Churchill hat bekanntlich im Zweiten Weltkrieg seine Landsleute auf eine Zeit voller »Blut, Schweiß und Tränen« verpflichtet. Die Europäerinnen und Europäer stehen heute zwar nicht vor der Wahl zwischen Eigenständigkeit und Unterwerfung, zwischen Knechtschaft und Freiheit. Was uns allerdings in dieser kritischen Phase unserer Geschichte fehlt, ist Mut zur Wahrheit. Ganz besonders deutlich wird das, wenn – wie bei uns im kommenden Herbst – auf höchster nationaler Ebene Wahlen bevorstehen. Dann beherrscht allein das Motto die Hirne der Politikerinnen und Politiker, das Wahlvolk auf keinen Fall durch Fragen und Themen zu verunsichern, von denen man befürchtet, dass sie von der Konkurrenz ausgenutzt werden könnten. Deutschland einig Egoland: Sollten die einschlägigen Sprechblasen der CSU auch zukünftig die Europapolitik der Bundeskanzlerin und ihres Finanzministers prägen – es wäre der endgültige Sargnagel für unsere Zukunft. Denn die Geringschätzung, mit der das Wort »Europa« mit dem Attribut »alt« verbunden wurde, spricht nur für die Überheblichkeit der Absender. Das Gegenteil trifft zu – und darauf könnten wir uns auch durchaus verlassen.

*

Europa ist eine einzigartige Herausforderung, eine einzigartige Chance für eine Generation junger Menschen, die ihren Blick voller Zuversicht nach vorn richten dürfen. Nach vorn, weil sie sich auf Wertvorstellungen verlassen können, die in den Erfahrungen und Überzeugungen der vorangegangenen Generationen wurzeln und in der Geschichte der Menschheit ihresgleichen suchen.

Europa heißt Rücksichtnahme der Starken auf die Schwachen, die Solidarität der Reichen mit den Armen – es setzt das Prinzip des Sozialstaats anstelle des rücksichtslosen Gebrauchs der eigenen Ellenbogen als Erfolgskriterium für eine lebenswerte menschliche Gemeinschaft.

Europa heißt, allen Menschen ohne Rücksicht auf ihr Herkommen durch eine gute Ausbildung gleiche Chancen für ein Leben in Freiheit und Frieden zu gewährleisten – und nicht das Privileg Weniger, ihren Kindern deren künftigen Lebensweg durch Einsatz materieller Mittel erkaufen zu können.

Europa heißt Toleranz gegenüber anderen Meinungen und Überzeugungen, seien sie politischer, wirtschaftlicher oder kultureller Natur – und nicht das eifernde Dogma allein seligmachender Religionen.

Europa heißt entschlossenes Eintreten für Freiheit und Demokratie – anstelle jeglicher Arroganz und Besserwisserei, anderen Kulturen die eigene Lebensform gewaltsam aufzwingen zu wollen.

Europa ist die Überzeugung, dass die Erde den lebenden Generationen zu treuen Händen und mit der Verantwortung anvertraut ist, sie auch für die nachfolgenden Generationen lebensfähig zu erhalten – und nicht die hemmungslose Ausschöpfung aller augenblicklichen Möglichkeiten zur Mehrung des eigenen Wohlstandes.

Europa: Das bedeutet den durch die großen Ideen der Aufklärung begründeten Vorrang der Vernunft – anstelle der Bereitschaft, sich durch blinde Begeisterung benebeln und zu Schritten hinreißen zu lassen, die unsere Welt in den Abgrund stürzen könnten.

Gewiss umschreibt dies Ideale. Die tägliche Wirklichkeit sieht oft genug anders aus. Das ändert jedoch nichts daran, dass das ständig anhaltende Bemühen um eben diese Ideale ein unverwechselbares Merkmal Europas, seiner Bürgerinnen und Bürger, ist. Ich weiß wohl, dass der Begriff »Fortschritt« bei vielen kritischen, durchaus ernstzunehmenden Beobachtern unseres Zeitgeschehens in Verruf geraten ist, wurde er doch zur Begründung mannigfacher Fehlentwicklungen missbraucht. Trotzdem wage ich es, alles das, was Europa in diesem Sinne bedeutet, in einem einzigen Begriff zusammenzufassen. Die politische Vereinigung Europas: Sie verkörpert das Vertrauen, dass wir unverändert auf den Fortschritt dieser Welt setzen dürfen.

Jacques Delors hat einmal auf einen Nenner gebracht, worum es geht, wenn eines nicht allzu fernen Tages aus solchem Selbstvertrauen Wirklichkeit werden soll: »Wir brauchen nicht einfach nur Feuerwehrleute, wir brauchen Architekten!« In der Tat: Sorgfalt, Zähigkeit, Vorsicht – das haben alle Beteiligten im Verlauf des jahrelangen Ringens um die europäische Einigung nahezu perfekt erlernt, wir Deutschen womöglich am besten. Was uns fehlt, dass sind Selbstvertrauen, Mut und Glaubwürdigkeit, um eine großartige Vision vollends wirklich werden zu lassen. Hoffen wir, dass uns die Zukunft noch rechtzeitig auch mit solchen Eigenschaften bedenkt.

DANK

Zum Abschluss liegt mir daran, *Waltraud Berz* und *Klaus Gabbert* für ihre Hilfe und Unterstützung beim Zustandekommen dieses Textes herzlich zu danken. Ohne ihre Kritik und ihre Anregungen hätte ich das Buch nicht Ihnen, seinen Leserinnen und Lesern, vorlegen können. Die Verantwortung dafür liegt natürlich trotzdem allein bei seinem Verfasser.

EDZARD REUTER